KB004555

내 인생을 바꾼
사랑의 명언

엮은이 석필

언론사에서 잠시 근무한 뒤, 책을 쓰고 번역하는 일을 해왔다.
미루기로 점철된 지난날이 한스럽기만 하다. 뒤늦게나마 미루
는 버릇을 차버리고 여생을 열심히 살아볼 작정이다. 책상에
몇 시간을 붙어 앉아 일하니 정신이 건강해지는 것 같고 두려움
도 가셨다. 몇 년을 더 일할 수 있을지 모르지만, 모든 에너지를
일에 다 쏟게 되기를 소망한다.
저서와 번역서, 대필 작품을 포함 100여 권을 펴냈다.
e-mail : coutts52@naver.com

디자인 **프레임** arthaa@hanmail.net

내 인생을 바꾼
사랑의 명언

석필 편역

창해

사랑은 모든 창조의 근원입니다.
그래서 사랑에 대한 글을 보면 뭔가를 창조하고
싶은 충동이 생깁니다.

사랑은 생명입니다.
그래서 사랑에 대한 글을 보면 살아 있는 것을
존중할 줄 알게 됩니다.

사랑은 희망입니다.
그래서 사랑에 대한 글을 보면 절망에서 빠져나갈
의욕이 생깁니다.

사랑은 안락입니다.
그래서 사랑에 대한 글을 보면 마음이
편안해집니다.

사랑은 로맨스입니다.
로맨스는 혼자선 이루어지지 않습니다.
그래서 사랑에 대한 글을 보면 진실로 사랑하는
사람에 대한 의무와 태도를 갖추게 됩니다.

2021년 12월
편역자 석필

차례

당신을 사랑하는 것이
내 인생에서 최고의 결정이었습니다.

Loving you was
the best decision of my life.

01
첫사랑과 짝사랑

당신을 어떻게 사랑하느냐고요?

난 당신을 어떻게 사랑할까요? 한번 헤아려보죠.
존재의 목적과 이상적인 은총이 보이지 않는 느낌이 들 때,
내 영혼이 도달할 수 있는 깊이만큼,
그 범위만큼, 그 높이만큼 당신을 사랑한답니다.
난 하루를 살기 위해 가장 필요한 햇빛만큼,
촛불의 밝기만큼 당신을 사랑합니다.
난 권리를 위한 투쟁처럼 자유롭게 당신을 사랑합니다.
난 칭찬에 관심을 두지 않고 순수하게 당신을 사랑합니다.
오래된 슬픔에 쏟아부었던 열정으로,
어렸을 적의 믿음으로 당신을 사랑합니다.
위대한 성자들이 세상을 떠나면서 잃어버렸던
그 사랑으로 당신을 사랑합니다.
숨결로, 눈물로
그리고 내 생명 다 바쳐 당신을 사랑합니다.
하나님이 허락하신다면
죽어선 더욱 당신을 사랑할 겁니다.

How Do I Love Thee?

How do I love thee? Let me count the ways.
I love thee to the depth and breadth and height
My soul can reach, when feeling out of sight
For the ends of being and ideal grace.
I love thee to the level of every day's
Most quiet need, by sun and candle-light.
I love thee freely, as men strive for right.
I love thee purely, as they turn from praise.
I love thee with the passion put to use
In my old griefs, and with my childhood's faith.
I love thee with a love I seemed to lose
With my lost saints. I love thee with the breath,
Smiles, tears, of all my life; and, if God choose,
I shall but love thee better after death.

엘리자베스 바렛 브라우닝(Elizabeth Barrett Browning, 영국 시인)

첫사랑은 대부분 짝사랑이다.

The first love is almost always unrequited.

- 미상

당신을 사랑하는 것은 마약과 같습니다. 중독성이
있어서 머지않아 나를 파멸시키겠지요.

Loving you is like a drug. It's addictive but soon it will
destroy me.

- 고라브 샤르마(Gaurav Sharma, 인도 작가)

나는 별들에게 당신에 대해 말해주었답니다.

I told the stars about you.

- 미상

첫눈에 반한 게 아니었어요.
반하기까지는 5분이나 걸렸는걸요.

It wasn't love at first sight. It took a
full five minutes.

- 루실 볼(Lucille Ball, 미국 배우/코미디언)

당신에게 모든 불만을 다 쏟아내려 했는데, 결국엔
당신을 그리워한다는 말만 할 것 같습니다.

I had planned to say all these terrible things to you,
but in the end, I just want to tell you I miss you.
– 미상

내가 당신을 사랑한다는 것을 말할 순 없지만 내 눈에는 오직
당신만 보일 뿐입니다. 당신과 눈이 마주칠 때마다, 당신의
목소리를 들을 때마다 내 마음은 더 아프기만 합니다.

I can't tell you I love you, all I can see is you. Every time our eyes
meet, every time I hear your voice I love you more and my heart
aches more.
– 미상

당신에겐 그 사람이 전부인 반면 그 사람에겐 당신이 아무
존재가 아닌 것처럼 상처가 되는 것은 없다.

Nothing hurts more than realizing he meant everything to you,
but you meant nothing to him.
– 미상

짝사랑은 외로운 가슴을 향한 끝없는 저주다.

Unrequited love is the infinite curse of a lonely heart.

– 크리스티나 웨스토버(Christina Westover, 미국 작가)

가장 큰 고통과 번민은 누군가를 향한 짝사랑이다.

One of the greatest pain and agony is being in one sided love with someone.

– 아누라그 프라카시(Anurag Prakash, 인도 작가)

나는 꿈꾸는 것을 좋아합니다. 꿈속에선 당신이 내 것이기 때문이지요.

I love dreaming because in my dreams, you're actually mine.

– 미상

설사 당신이 나를 갈가리 찢어놓을지라도, 설사 당신이 나를 재로 만들어버릴지라도 나는 당신에게 돌아가 내 마음을 드리겠습니다.

Even if you tear me to pieces or even if you reduce me to ashes, I would still go back and give you my heart.

– 미상

당신이 내 애인이 아닌데 나는 왜 당신을 잃을까
걱정할까요?

Why am I afraid to lose you? When you're not even mine.

– 미상

당신에게 나를 사랑해달라고 말할 수 없다는 것을
알면서도 당신을 사랑한 것은 나의 잘못이지요.

It's my fault to love you. While knowing I cannot ask you
to love me back.

– 미상

내가 아무리 노력해도 변하는 것은 없고, 당신은
여전히 나를 원치 않는군요.

I mean I try and I try, but nothing changes. You still don't
want me.

– 미상

망상이 진실과 다른 것처럼 짝사랑은 상호의 사랑과
다르다.

Unrequited love differs from mutual love, just like
delusion differs from the truth.

– 조르주 상드(George Sand, 프랑스 소설가)

짝사랑은 실제 사랑보다 훨씬 좋다. 그것은 완벽한
사랑이니까. 시작을 하지 않았으니 끝날 것을 걱정할
필요도 없다. 짝사랑은 영원하다.

I have to admit, an unrequited love is so much better
than a real one. I mean, it's perfect. As long as
something is never even started, you never have to
worry about it ending. It has endless potential.

– 사라 데센(Sarah Dessen, 미국 소설가)

가장 괴로운 것은 당신이 사랑하는 사람이 다른
누군가를 사랑하는 것을 지켜보는 일이다.

The hardest thing to do is watch the one you love, love
someone else.

– 미상

내가 당신과 함께였다는 이유만으로 모든 것이
좋게 느껴졌던 그때가 그립습니다.

I miss the time where everything felt okay because
I was with you.

– 미상

당신이 누군가에게 마음을 온전히 바쳤는데 그가
그것을 원치 않는다면 당신은 그 마음을 도로 찾아올
수 없습니다. 영원히 떠나버렸으니까요.

When you give someone your whole heart and he doesn't
want it, you cannot take it back. It's gone forever.

– 실비아 플라스(Sylvia Plath, 미국 시인)

거짓말이라도 나를 사랑한다고 말해주세요. 당신은
이미 나의 모든 것을 가졌잖아요.

So tell me you love me even if it's fake. You already
took all that you could take.

– 미상

언젠가는 당신도 내가 당신을 사랑하는 것처럼 나를 사랑하는 날이 오리라 생각합니다. 나는 운명을 믿으니까요.

I like to think that someday you'll love me as much as I love you. I believe in destiny.

– 미상

사람의 마음은 오직 하나의 사랑, 유일한 사랑만 보일 수 있을 뿐이다. 영원한 첫사랑과 같은 두 번째 사랑은 있을 수 없다.

Each human heart can properly exhibit but one love, if even one; the "first love, which is infinite," can be followed by no second like unto it.

– 토머스 칼라일(Thomas Carlyle, 영국 역사학자/평론가)

짝사랑으로 비참해지기보다는 사랑에서 벗어나는 것이 좋다.

It is better to be out of love than to be miserable in a one-sided love.

– 미상

내 심장이 더는 내 몸에 없는 것 같습니다. 나와 마음을 같이하기를 원치 않는 누군가가 훔쳐 가서 찢어버린 것 같습니다.

My heart no longer felt as if it belonged to me. It now felt as it had been stolen, torn from my chest by someone who wanted no part of it.

– 메러디스 T. 테일러(Meredith T. Taylor, 미국 작가)

내가 당신의 사랑을 받지 못한 채 젊어서 죽더라도
내가 당신을 사랑했다는 사실만은 알아주십시오.

If I die young, at least even without your love, I want you to know that I loved and more importantly, you.

– 미상

내 삶은 응답되지 않은 기도의 연속이었습니다. 그 기도의
대부분은 당신에 대한 것이지요.

My life has been a continuum of unanswered prayers and you
bear the largest portion of that.

– 나이팅갈 레한(Nightingale Rehan, 인도 작가)

사랑하지 않은 것보다 짝사랑이 더 낫다고 말하는 사람이
있지만, 짝사랑은 먹다 남은 빵조각처럼 더 빨리 딱딱해지고
곰팡이도 빨리 핀다.

Some say that one sided love is better than none, but like half a
loaf of bread, it is likely to grow hard and moldy sooner.

– 에릭 번(Eric Berne, 미국 정신과의사)

누군가를 갈망하는 것은 가장 위험한 욕구다. 누군가가 당신을 원하는 것은 당신의 행복을 그 사람의 피부에 수술용 바늘로 꿰매어놓은 것과 같다. 떨어지면 살이 찢기는 상처를 입을 테니까.

Desiring another person is perhaps the most risky endeavor of all. As soon as you want somebody really want him, it is as though you have taken a surgical needle and sutured your happiness to the skin of that person, so that any separation will now cause a lacerating injury.

– 엘리자베스 길버트(Elizabeth Gilbert, 미국 작가)

욕망으로 불타오르면서 그것에 대해 침묵하는 것은 우리 자신에게 가할 수 있는 가장 가혹한 징벌이다.

To burn with desire and keep quiet about it is the greatest punishment we can bring on ourselves.

– 페데리코 가르시아 로르카(Federico García Lorca, 에스파냐 시인)

나의 태양이었던 그 눈동자, 그 눈이 다른 사람에게 빛을 비추는 것을 보니 괴롭습니다.

Those eyes that have been my sun, it pains to see them shining for another.

– 미상

당신의 느낌을 남에게 말하기보다는 침묵하는 것이 더 나을 때가 있다. 그들이 당신의 말을 듣기는 하지만 이해하지 못한다는 것을 알면 더 큰 상처를 받게 되기 때문이다.

Sometimes it's better to keep silent than to tell others what you feel, because it hurts badly when you come to know that they can hear you, but they can't understand.

– 하인리히 페레이라(Heinrich Ferreira, 남아프리카공화국 작가)

사람은 항상 첫사랑으로 돌아간다.

One returns always to his first love.

– 프랑스 속담

당신을 사랑하는 나 자신이 싫지만, 내가 당신을 사랑하는 것만큼 당신이 나를 사랑하지 않는 것을 알고 나니 더욱더 싫습니다.

I hate myself for loving you but I hate it more to know you don't love me as much as I love you.

– 미상

당신은 당신을 사랑할 수 없는 사람을 사랑하고 있습니다.
짝사랑은 한때 경험했던 상응하는 사랑으로는 가능하지
않은 방식으로 존재하기 때문이지요.

You like someone who can't like you back because unrequited
love can be survived in a way that once requited love cannot.

– 존 그린(John Green, 미국 소설가)

자신의 감정을 당신과 나누지 않는 사람을
사랑하는 것처럼 가슴 아픈 일은 없다.

There is nothing so mortifying as to fall in love with
someone who does not share one's sentiments.

– 조젯 헤이어(Georgette Heyer, 영국 소설가)

마음의 상처가 축복이라는 말이 있습니다. 상처는 당신을
성장하게 해서 더 훌륭하고 힘 있는 사람이 되게 돕습니다.
당신은 짐승처럼 강해지는 것입니다.

They say heartbreak is a blessing. It helps you grow and turns
you into a better, more powerful person. You become as strong
as a beast.

– 프리얀카 아가왈(Priyanka Agarwal, 인도 작가)

당신이 사랑하는 사람을 기다리기는 쉽지 않습니다. 당신이
기다리는 사람이 당신이 기다리고 있다는 사실을 알지 못할
때 더욱더 그렇습니다.

Waiting for someone you love is never easy. Especially when the
one you're waiting for isn't aware that you're waiting.

– 미상

당신이 나에게 문자를 하지 않아도 나는 이해할 것입니다.
당신이 나에게 전화를 하지 않아도 나는 이해할 것입니다.
내가 당신을 잊고 나서야 당신은 이해하게 될 겁니다.

If you don't text me, I'll understand. If you don't call me,
I'll understand. If I forget you, you'll understand.

– 미상

그가 너를 쳐다보는 것을 본 순간 나는 그가 너를 사랑한다는
것을 알았어. 그는 고통스러워하고 있지만 클레리, 네 마음을
사진 못할 거야. 그는 결코 그렇게 할 수 없어.

The way he looked at you. I got it then. He loved you, and it was
killing him. He won't get over you, Clary, he can't.

– 카산드라 클레어(Cassandra Clare, 미국 작가)

당신을 기다리는 것은 가뭄 중에 비를
기다리는 것과 같습니다. 그 기다림은
쓸모없고 실망스럽기만 합니다.

Waiting for you is like waiting for
rain in the drought which was
useless and disappointing.

– 히만슈 차테(Himanshu Chate, 인도 작가)

사랑하는 사람은 불행하지 않습니다.
짝사랑조차 그 나름대로 소망을 품고
있으니까요.

Let no one who loves be called
altogether unhappy. Even love
unreturned has its rainbow.

– 제임스 매튜 배리(James Matthew Barrie,
  영국 소설가)

> 첫사랑만 한 사랑은 없다.
>
> There's no love like the first.
>
> – 니컬러스 스파크스(Nicholas Sparks, 미국 소설가)

나는 누군가에게 격려를 받지 않고도 남몰래 그를 사랑할
수 있다는 것을 압니다. 젊은이나 경험 없는 사람들에겐 그런
사랑이 매우 행복할 수 있지요.

I realized that one might love him secretly with no hope of
encouragement, which can be very enjoyable for the young or
inexperienced.

– 바바라 핌(Barbara Pym, 영국 소설가)

남자는 마력의 생명체입니다. 당신의 작업실 문을 잠가 그를
못 들어가게 할 수는 있지만, 당신의 마음에 못 들어가게
할 수는 없습니다. 당신의 관찰 범위에서 벗어나게 할 수는
있지만, 마음에서 벗어나게 할 수는 없습니다.

A boy is a magical creature, you can lock him out of your
workshop, but you can't lock him out of your heart. You can get
him out of your study, but you can't get him out of your mind.

– 미상

당신을 사랑하고, 내가 죽을 때까지 당신을 사랑할
겁니다. 그리고 죽은 뒤에도 삶이 있다면 그때도
당신을 사랑할 겁니다.

I love you, and I will love you until I die, and if there's
a life after that, I'll love you then.

- 카산드라 클레어(Cassandra Clare, 미국 작가)

첫사랑은 한 사람이 두 번째 질병에 걸리지 않게
면역력을 심어주는 일종의 예방접종이다.

First love is a kind of vaccination that immunizes a man
from catching the disease a second time.

- 오노레 드 발자크(Honoré de Balzac, 프랑스 작가)

나는 멀리 떨어져서 다른 사람들이 사랑받는
방식대로 그를 사랑했습니다.

I loved him the way some people are to be loved —
from a distance.

- 상히타 바루아(Sanhita Baruah, 인도 작가)

오랫동안 나는 다른 사람에 대해 일방적인 감정만 느꼈어요.
그래서 사랑받는 기분이 얼마나 좋은지 까맣게 잊고 있었지
뭡니까.

For so long, I've only had one-sided feelings for other people.
I've completely forgotten how good it feels to be loved.

– 타카나가 히나코(Takanaga Hinako, 일본 만화가)

첫사랑에 빠진 남자는 자신이 그 사랑을
만들었다고 생각한다.

When a man is in love for the first time
he thinks he invented it.

– 미상

언젠가 우리기 더 이상 함께할 수 없을지도 모른다는 것을
알았기에 우리는 아마도 서로에 대해 많은 추억을 남기려고
노력했던 것 같습니다.

Maybe we tried to leave as much memories of ourselves with
each other because we knew one day we wouldn't be together
any more.

– 신카이 마코토(Shinkai Makoto, 일본 애니메이션감독)

차라리, 난 당신의 인생 속 빛이 되지 않으렵니다.

날이 밝으면 몽롱한 상태가 되거든요.

차라리, 난 차가운 어둠이 되렵니다.

그러면 보이지 않고, 불분명하며, 불확실하기 때문이죠.

I'd rather be not the light in your life,

The bright day might make me obscure,

I'd rather be the cold darkness

For it remains, unseen, uncertain and unsure.

– 상히타 바루아(Sanhita Baruah, 인도 작가)

사랑은 어린 시절의 마지막이자 가장 심각한 질병이다.

Love is the last and most serious of the diseases of childhood.

– 미상

남자는 항상 여자의 첫사랑이 되고 싶어 한다. 그것은
그들의 어설픈 허영심이다. 여자에게는 세상사를 더
세밀하게 관찰하는 본능이 있다. 여자는 자신이 남자의
마지막 사랑이 되기를 바란다.

Men always want to be a woman's first love. That is their
clumsy vanity. Women have a more subtle instinct about
things: What they like is to be a man's last romance.

– 오스카 와일드(Oscar Wilde, 아일랜드 시인/소설가)

젊은 남자는 자신의 비위를 맞추는 여자를
첫사랑으로 받아들인다.

A young man loves the first woman who flatters him.

– 오노레 드 발자크(Honoré de Balzac, 프랑스 작가)

나의 미래는 이미 과거가 되었답니다. 당신은 나의
첫사랑이면서 마지막 사랑이 될 것입니다.

The future for me is already a thing of the past —
You were my first love and you will be my last.

- 밥 딜런(Bob Dylan, 미국 가수)

나는 사랑에 빠졌습니다. 그때의 기분은 내가
상상했던 것보다 훨씬 더 좋았습니다.

I was in love, and the feeling was even more
wonderful than I ever imagined it could be.

- 니컬러스 스파크스(Nicholas Sparks, 미국 소설가)

첫사랑이라는 중요한 생물학적 현상을 화학이나 물리학
개념으로 도대체 어떻게 설명할 수 있단 말인가?

How on earth are you ever going to explain in terms of chemistry
and physics so important a biological phenomenon as first love?

- 알베르트 아인슈타인(Albert Einstein, 미국 물리학자)

어떤 남자가 어떤 여자의 첫사랑이라면 그는 행운아다.
어떤 여자가 어떤 남자의 마지막 사랑이라면 그녀는
행운아다.

A man is lucky if he is the first love of a woman.
A woman is lucky if she is the last love of a man.
- 찰스 디킨스(Charles Dickens, 영국 소설가)

당신의 첫사랑은 당신이 마음을 준 사람이 아니라 당신의
마음을 깨트린 사람입니다.

Your first love isn't the first person you give your heart to — it's
the first one who beaks it.
- 랭 레아브(Lang Leav, 뉴질랜드 작가)

우리는 사랑하기엔 어울리지 않는 나이지만 항상
사랑에 대해서만 생각하고 있어요.

We were the wrong age for love and yet it was all we
could think about.
- 브렌단 코웰(Brendan Cowell, 호주 영화배우/감독)

첫사랑이 당신을 망칠 수 있다.

First loves can fuck you up.

– 타라 켈리(Tara Kelly, 미국 작가)

한 남자의 몸에 손을 대면 그 남자는 그 순간을
즐기겠지만, 그 사람의 마음을 건드리면 그는 평생
그 순간을 기억한다.

When you touch a man's body, he will enjoy the
moment, when you touch a man's heart he will
remember it forever.

– 딕시 워터스(Dixie Waters, 미국 작가)

첫사랑의 마력은 그 사랑이 결코 끝나지 않을
것이라는 우리의 무지에 있다.

The magic of our first love is our ignorance that it can
never end.

– 벤저민 디즈레일리(Benjamin Disraeli, 영국 정치가/작가)

기억으로 자리 잡을 때까지는 순간의 가치를 알지 못한다.

Sometimes you will never know the value of a moment until it becomes a memory.

– 닥터 수스(Dr. Seuss, 미국 작가/만화가)

당신을 알게 된 이후로는 다른 사람을 알고 싶지 않았습니다.

Once I knew you I never wanted to know anyone else.

– 레오 크리스토퍼(Leo Christopher, 미국 작가)

당신이 첫사랑을 기억하는 이유는 그 사람을 통해 당신이 사랑할 수 있고 사랑받을 수 있음을, 세상에서 사랑처럼 소중한 것이 없음을, 당신이 성숙한 사람이 되고 왜 그래야 하는지를 깨닫게 되기 때문입니다.

You remember your first love because they show you, prove to you, that you can love and be loved, that nothing in this world is deserved except for love, that love is both how you become a person and why.

– 존 그린(John Green, 미국 소설가)

첫사랑의 열병이 두 번 다시 일어날 수 없어서 다행이에요.
시인들이 뭐라고 하든 그것은 열병이고 짐이기도 하니까요.

I am glad it cannot happen twice, the fever of first love. For it
is a fever, and a burden, too, whatever the poets may say.

– 대프니 듀 모리에(Daphne Du Maurier, 영국 소설가)

첫사랑은 두 번째 사랑을 만날 때까지는 언제나 완벽하다.

One's first love is always perfect until one meets one's second
love.

– 엘리자베스 애스턴(Elizabeth Aston, 영국 소설가)

당신을 사랑하게 된 나는 당신만을 생각하며 당신과의 모든
추억을 기억합니다. 첫눈에 당신을 사랑하게 된 것, 첫 키스,
처음으로 '사랑합니다'라고 말한 것 그리고 매일 서로를
사랑할 이유를 더 많이 찾으려 했던 것. 그리고 생각할
때마다 난 이 모든 것을 기억해낸답니다.

I fall in love with you just thinking about you, remembering all
the memories we've made… falling in love for the first time,
our first kiss, saying our first I love you's, finding more to love
about each other every day. And whenever I think about all.

– 미상

첫사랑은 광란의 거만한 상상력으로 진부한 삶을 눌러
일상에서 부딪히는 것들을 걷어간다. 그로 인해 그 사람의
표정, 침묵, 제스처, 태도, 근거 없이 내뱉는 열정적인 말들이
정해지는 것이다.

First love, with its frantic haughty imagination, swings its object
clear of the everyday, over the rut of living, making him all looks,
silences, gestures, attitudes, a burning phrase with no context
– 엘리자베스 보웬(Elizabeth Bowen, 아일랜드 소설가)

아니야, 인생에서 사랑의 어린 꿈만큼 달콤한 것은 없어.

No, there's nothing half so sweet in life as love's young dream.
– 토머스 무어(Thomas Moore, 아일랜드 저술가)

첫사랑의 상대. 처음으로 내 마음을 아프게 하는 사람. 나에겐 공교롭게도 한 사람이다.

That first love. And the first one who breaks your heart. For me, they just happen to be the same person.

– 사라 데센(Sarah Dessen, 미국 소설가)

사람들이 뭐라고 하든 나는 당신을 사랑합니다.
소녀여, 당신은 나의 첫사랑입니다.

No matter what the people say, I'm gonna love you anyway. Girl, you're my first love.

– 앤서니 해밀턴(Anthony Hamilton, 미국 가수)

첫사랑이 끔찍한 것은 그에겐 처음 있는 일이라서 참고할 만한 신뢰성 있는 사례가 없기 때문이다.

First loves are often terrible, probably because they are first and there is no conscious history into which they may be absorbed.

– 시리 허스트베트(Siri Hustvedt, 미국 소설가)

첫사랑은 그 사랑이 마지막 사랑일 경우에만 위험하다.

First love is dangerous only when it is also the last.

– 브라니슬라브 누시치(Branislav Nušić, 세르비아 작곡가/작가)

첫사랑에서 분별력을 기대하지 말라. 첫사랑에는
지나친 기쁨이 수반되기 때문에 기쁨이 넘치는 것을
허용하지 않으면 숨이 막혀버릴 것이다.

We must never expect discretion in first love: it is
accompanied by such excessive joy that unless the joy is
allowed to overflow, it will choke you.

– 알렉상드르 뒤마(Alexandre Dumas, 프랑스 소설가)

내가 젊었을 때 처음으로 경험했던 그런 사랑은
다시는 경험할 수 없다.

I can never feel again such love, which I had felt the
first time in my youth.

– 에산 세흐갈(Ehsan Sehgal, 파키스탄 시인)

첫사랑, 신들이 우리를 그런 어리석음에서
구해주시기를.

First love, may the gods save us from such stupidity.

– 샘 아르장(Sam Argent, 미국 작가)

첫사랑은 당신의 가슴속에 영원히 남는다. 그것은
당신에게 흔적을 새기는 무엇이다.

A first love is something that lasts forever in your
heart. It's something that marks you.

– 엘로디 융(Elodie Yung, 프랑스 배우)

우리는 첫사랑을 달콤하고 소중한 것으로
생각하고, 최악의 상황에서도 축복으로 생각한다.

We think of first love as sweet and valuable, a blessed
if hazardous condition.

– 로저 이버트(Roger Ebert, 미국 영화평론가)

첫사랑은 약간의 어리석음과 많은 호기심의 결합일 뿐이다.

First love is only a little foolishness and a lot of curiosity.

– 조지 버나드 쇼(George Bernard Shaw, 아일랜드 극작가)

당신은 그 사람을 처음 보았던 순간을 기억합니다. 그때
당신은 전에는 경험해보지 못한 느낌이 들었고, 그로 인해
첫눈에 그 사람을 사랑하게 되었다는 것을 알았습니다.

You know the first moment you look at him or her and you felt
that feeling that you've never felt before then you know you have
fallen in love with just one look.

- 미상

당신의 첫사랑은 결코 죽지 않습니다. 당신은
불길을 잡을 수 있지만 불은 끌 수는 없습니다.

They say that your first love never dies. You can put
out the flames, but not the fire.

- 보니 타일러(Bonnie Tyler, 영국 가수)

모든 남자에겐 인생에서 완벽하게 행복할 때가 두 번 있다.
첫사랑을 만난 직후와 마지막 사랑과 작별한 직후다.

Every man is thoroughly happy twice in his life: just after he has
met his first love, and just after he has left his last one.

- 헨리 루이스 멩켄(Henry Louis Mencken, 미국 문예비평가)

첫사랑은 당신을 망가뜨릴 수도 구할 수도 있다.

First love can break you. But it can also save you.

– 케이티 칸(Katie Khan, 영국 작가)

느낌은 오래된 사진처럼 시간이 흐르면서 퇴색하지만,
첫사랑에 대한 기억은 절대 희미해지지 않는다.

Like an old photograph, time can make a feeling fade, but the
memory of a first love never fades away.

– 팀 맥그로(Tim McGraw, 미국 가수)

많은 사람은 첫사랑에 대해 그리고 관계를 다시 시작한다면
어떻게 될지에 대해 여전히 환상을 가지고 있다.

I think a lot of people still fantasize about that first love and what
might happen if they rekindled the relationship.

– 소피 킨셀라(Sophie Kinsella, 영국 작가)

누군가의 첫사랑이 되는 것이 좋기는
하지만, 그 사람의 마지막 사랑이
되는 것은 더할 나위 없이 좋다.

Being someone's first love may be
great, but to be their last is beyond
perfect.

- 미상

그녀는 심장이 터질 것 같았던
순간이 바로 사랑이라는 것을
깨달았다.

What she had realised was that
love was that moment when your
heart was about to burst.

- 스티그 라르손(Stieg Larsson,
  스웨덴 언론인/저술가)

첫사랑에선 선택은 거의 없고 눈이 멀어버린다.

In first love, a choice is seldom and blinding.

– 로버트 로웰(Robert Lowell, 미국 시인)

첫 번째 로맨스, 즉 첫사랑은 우리 모두에게 감정적으로나
육체적으로나 매우 특별한 것이기 때문에 우리의 삶을
매만지고 영원히 풍요롭게 한다.

First romance, first love, is something so special to all of us, both
emotionally and physically, that it touches our lives and enriches
them forever.

– 로즈마리 로저스(Rosemary Rogers, 미국 소설가)

첫사랑은 모습을 감추지만 결코 사라지지 않는다.
그 아픔은 그냥 받아들여지는 것이다.

The first love disappears, but never goes. That ache becomes
reconciliation.

– 제임스 볼드윈(James Baldwin, 미국 작가)

첫걸음을 내디디는 것을 두려워하지 말고 마음에서
우러나오는 말을 하라.

Don't be afraid to take the first step and speak from your heart.

– 제이 크로노버(Jay Crownover, 미국 작가)

첫사랑이자 마지막 사랑은 자기애다.

Our first and last love is self-love.

– 크리스찬 네스텔 보비(Christian Nestell Bovee, 미국 작가)

아주 작은 희망이라도 사랑의 탄생을 일으킬 만하다.

A very small degree of hope is sufficient to cause the birth of love.

– 스탕달(Stendhal, 프랑스 작가)

우리는 사랑하기엔 너무 어린 나이였지요. 하지만 우리의 머릿속엔 오직 사랑에 대한 생각뿐이었습니다.

We were the wrong age for love and yet it was all we could think about.

– 브렌단 코웰(Brendan Cowell, 호주 배우)

첫사랑은 젊은이의 것이다.

First love belongs to the young.

– 클로에 설로(Chloë Thurlow, 영국 작가)

첫사랑은 당신의 심장에 총알을 발사하는 총이다.
몸에 파고든 총알은 꽃으로 변해 꽃가루처럼 당신의
핏속에 스며든다.

First love is a gun that fires a bullet at your heart and
when it hits, it turns into a flower and seeps into your
blood like pollen.

– 클로에 설로(Chloë Thurlow, 영국 작가)

당신이 아무리 아닌 척해도 당신은 첫 번째 키스의 맛과 첫
번째 결별의 아픔을 잊지 못한다.

No wonder how much you pretend, but you cannot ever forget
the taste of your first kiss and the pain of your first break up.

– M. F. 문자저(M. F. Moonzajer. 캐나다 작가)

당신은 첫사랑을 잊을 수 없습니다. 첫사랑은 당신을 사랑할
수 없는 사람을 사랑하는, 세상에서 가장 어처구니없는
느낌이기 때문이지요.

You never forget your first love. It's the most awful feeling in the
world to love someone who can't love you back.

– 마리 콜슨(Marie Coulson, 영국 작가)

당신을 만난 첫날 나는 처음으로 당신의 눈을 보았고,
당신에게서 나를 사랑한다는 말을 들었습니다. 그러고 나서
내 삶은 영원히 바뀌었습니다. 당신의 사랑이 지금의 나를
만들었습니다. 당신이 내 삶에 들어오면서 나는 매일 더 나은
사람이 되어야 한다는 자극을 받았습니다. 나는 마음을 다해
당신을 사랑합니다.

Since the first day I met you, that first glance at your eyes, the
first time you told me you loved me, my life was changed forever,
your love made me who I am today, your presence in my life
inspires me to be better every day, I love you with all my senses.
- 마이클 헤이수스(Michael Hayssus, 캐나다 작가)

어떤 면에서 첫사랑은 첫 번째로 키웠던 애완견 같다.
그 뒤로 몇 마리의 애완견을 키웠는지에 상관없이 우리는
첫 번째 애완견을 잊지 못한다!

Somehow, I think your first love must be like your first dog… no
matter how many come after, you never forget your first!
- 페기 토니 호튼(Peggy Toney Horton, 미국 작가)

모든 사람에게 첫사랑의 경험이 있다. 사랑에 빠진
상상을 하면 정말 그때의 사랑으로 돌아가는 것 같다.
모든 사람이 사랑을 원하는데, 첫사랑은 특별하다.
첫사랑 같은 경험은 또다시 할 수 없다. 첫사랑에 대한
좋은 기억이 있다면 행운이다.

Everybody has their first love. I think it goes back to being
in love with the idea of being in love. Everybody wants
love, and your first love is special. You've never experienced
anything like that. It's good to have a fond memory of it.

– 메간 마틴(Meaghan Martin, 미국 배우)

첫사랑에 빠진 사람들은 거의 비슷한 증상을 보인다.

We are all very much alike when we are in our first love.

– 조지 엘리엇(George Eliot, 영국 소설가)

첫사랑에서 배신을 당하면 이후의 모든 사랑이
의심스러워진다.

When you are betrayed in your first love; all the latter loves
seem suspicious.

– M. F. 문자저(M. F. Moonzajer, 캐나다 작가)

내 첫사랑, 난 절대 잊지 않을 겁니다. 첫사랑은 나의 큰
부분을 차지하지요. 여러 가지 면에서 우리는 같이할 수
없지만 그렇다고 첫사랑이 영원하지 않은 것은 아닙니다.
첫사랑이란 것이 원래 영원하니까요.

My first love, I'll never forget, and it's such a big part of who I
am, and in so many ways, we could never be together, but that
doesn't mean that it's not forever. Because it is forever.

– 라시다 존스(Rashida Jones, 미국 배우/시나리오작가)

동화라고 해서 결말이 항상 행복하게 끝나는 것은 아니지만,
그래도 여전히 동화다. 첫사랑도 마찬가지다. 행복하지 않을
수 있지만, 그렇다고 항상 슬픈 것은 아니다. 그저 사랑일
뿐이다.

Fairy tale doesn't always have a happy ending. But still, it's a
fairy tale. So does first love. It might not be happy, but it doesn't
have always to be sad. It's just love.

– 디안 푸르노모(Dian Purnomo, 인도네시아 작가)

첫사랑은 달콤하지만 언제나 결실을 보지 못한다.
왜냐하면 첫사랑은 우리가 말도 안 되게 미성숙한
어린아이일 때 찾아오기 때문이다.

First love is very sweet, but we always lose them,
due they come when we are stupid immature
children.

– M. F. 문자저(M.F. Moonzajer, 캐나다 작가)

사람들은 두 가지를 잊지 못한다. 첫사랑과 쓰레기
영화를 보느라 소비한 돈.

People never forget two things, their first love and
the money they wasted watching a bad movie.

– 아미트 칼란트리(Amit Kalantri, 인도 작가)

사랑은 약속하는 것이 아니라 믿는 것이다.

Love is not about making promises
but it is about believing.

– 아나미카 미쉬라(Anamika Mishra, 인도 작가)

02
사랑의 본질

나는 아름다운 것은 모두 사랑합니다

나는 아름다운 것은 모두 사랑합니다.
나는 아름다움을 찾고 숭배합니다.
하나님보다 더 나은 찬양을 받으실 분은 없습니다.
바쁘게 움직이는 사람은 아름다움이라는 영예를 얻습니다.
나 역시 뭔가를 창조할 것이고
그 속에서 기쁨을 얻을 것입니다.
비록 내일 잠에서 깨어나면
아름다움이 한갓 꿈처럼 공허한 말이 될지라도
기억은 될 것입니다.

I Love All Beauteous Things

I love all beauteous things,
I seek and adore them;
God hath no better praise,
And man in his hasty days
Is honoured for them.
I too will something make
And joy in the making!
Altho' tomorrow it seem'
Like the empty words of a dream
Remembered, on waking.

로버트 시모어 브리지스(Robert Seymour Bridges, 영국 시인/의사)

사랑은 세상에서 가장 이상하고, 가장 비논리적이다.

Love is the strangest, most illogical thing in the world.

– 제니퍼 E. 스미스(Jennifer E. Smith, 미국 작가)

사랑은 '왜'라는 이성(理性)의 틀 안에 가둘 수 없고,
이성의 틀은 사랑에 합쳐질 수가 없다.

Love cannot be reduced to a catalogue of reasons why, and
a catalogue of reasons cannot be put together into love.

– 엘리너 캐턴(Eleanor Catton, 뉴질랜드 작가)

사랑은 자라도록 내버려둬야 하는 꽃이다.

Love is the flower you've got to let grow.

– 존 레논(John Lennon, 영국 가수)

사랑은 절대로 끝나지 않을 노래다.

Love is a song that never ends.

– 미상

사랑은 두 몸속에 사는 하나의 영혼이다.

Love is composed of a single soul inhabiting two bodies.

– 아리스토텔레스(Aristoteles, 고대 그리스 철학자)

사랑은 영혼의 아름다움이다.

Love is the beauty of the soul.

– 아우렐리우스 아우구스티누스(Aurelius Augustinus, 중세 신학자/성직자)

사랑은 완성을 향해 걸어가는 자아의 여행길이다.

Love is the outreach of self toward completion.

– 랄프 속맨(Ralph W. Sockman, 미국 목사)

사랑은 끊임없이 건설 중인 2차선 도로다.

Love is a two-way street constantly under construction.

– 캐롤 브라이언트(Carroll Bryant, 미국 저술가)

시간과는 상관없이 사랑은 영원하다.

Time doesn't matter love is forever.

- 미상

당신이 누군가의 행복의 일부가 아니더라도 그 사람이
행복하기를 원한다면 그것이 바로 사랑입니다.

You know it's love when all you want is that person to be happy,
even if you're not part of their happiness.

– 줄리아 로버츠(Julia Roberts, 미국 영화배우)

사랑은 의심의 또 다른 표현이다.

Love is a forger of suspicions.

– 이탈리아 속담

사랑과 스캔들은 차에 들어가는 설탕이다.

Love and scandal are the best sweeteners of tea.

– 헨리 필딩(Henry Fielding, 영국 소설가)

사랑은 개인적인 빚이다.

Love is a personal debt.

– 조지 허버트(George Herbert, 영국 목사/시인)

순수한 사랑을 줄 수 있을 만큼 진화된 생명체는
강아지와 어린아이뿐이다.

The only creatures that are evolved enough to convey pure
love are dogs and infants.

– 조니 뎁(Johnny Depp, 미국 배우)

사랑은 가슴속에서 빛나기 전에는 아무도 모르는 비밀이다.

Love is a secret no man knows till it within his bosom glows.

– 미상

우리는 모두 약간 기묘하다. 그래서 인생도 약간 기묘하다.
나의 기묘함에 어울리는 기묘함을 지닌 사람을 만나면, 우리는
그들과 어울리다 서로 기묘함을 충족하는 과정에 빠져든다.
그것을 사랑, 즉 참다운 사랑이라 부른다.

We're all a little weird. And life is a little weird. And when we
find someone whose weirdness is compatible with ours, we join
up with them and fall into mutually satisfying weirdness — and
call it love — true love.

– 로버트 펄검(Robert Fulghum, 미국 목사/작가)

사랑은 사거나 팔 수 없다.
사랑을 살 수 있는 것은 사랑뿐이다.

Love can neither be bought nor sold;
its only price is love.

– 미상

사랑은 절대적이지만,
그 개념은 개인의 의식에 따라 다르다.

Love is absolute. But the conception
of Love varies with the individual
consciousness.

– 미상

사랑은 스스로 만든 우상을 두려워하는 미신이다.

Love is a superstition that doth fear
the idol which itself hath made.

– 토머스 오버베리(Thomas Overbury, 영국 시인)

사랑은 꺼지지 않으며, 그 거룩한 불꽃은 영원히 타오른다.
사랑은 하늘에서 내려와 다시 하늘로 돌아간다.

Love is indestructible; its holy flame for ever burneth; From
heaven it came, to heaven returneth.

- 로버트 사우디(Robert Southey, 영국 시인/작가)

사랑은 생명 없는 이미지가 아닌 신의 형상이다. 종이에
그려진 것이 아니라 모든 선함을 비추는 신성(神性)의
살아 있는 본질이다.

Love is an image of God, and not a lifeless image; not
one painted on paper, but the living essence of the divine
nature, which beams full of all goodness.

- 마르틴 루터(Martin Luther, 독일 성직자)

사랑은 영혼이 인류와 연결된 불가해한 존재의 또
다른 이름일 뿐이다.

Love is just another name for the inscrutable presence
by which the soul is connected with humanity.

- 윌리엄 길모어 심스(William Gilmore Simms, 미국 저술가)

사랑은 높은 야망이나 위대함에 대한 갈증 때문에
간과되거나 상실되지 않는다.

Love is not to be reason'd down or lost in high
ambition or a thirst of greatness.

– 조지프 애디슨(Joseph Addison, 영국 수필가)

사랑은 영원처럼 오래되었지만 낡지는 않는다.
기존의 모든 사랑이 순간마다 새롭기도 하거니와
앞으로도 새로운 사랑이 시작되기 때문이다.

Love is old, old as eternity, but not outworn; with
each new being born or to be born.

– 조지 고든 바이런(George Gordon Byron, 영국 시인)

사랑은 모든 영혼을 노예로
만드는 달콤한 우상숭배다.

Love is a sweet idolatry,
enslaving all the soul.

– 마틴 파쿠하 터퍼(Martin
Farquhar Tupper, 영국 저술가)

변화가 찾아왔을 때 변하는
사랑은 사랑이 아니다.

Love is not love which alters
when it alteration finds.

– 윌리엄 셰익스피어(William
Shakespeare, 영국 극작가)

사랑은 신속하고, 성실하고, 경건하고, 유쾌하고, 온화하고,
강하고, 인내하며, 충실하고, 신중하고, 오랫동안 고난을
견디며, 남자답고, 결코 자신의 것을 구하지 않는다.

Love is swift, sincere, pious, pleasant, gentle, strong, patient,
faithful, prudent, long-suffering, manly, and never seeking her
own.

- 토마스 아 켐피스(Thomas à Kempis, 독일 사상가)

사랑은 신들 가운데 가장 오래되고, 가장 고귀하며,
가장 강력한 존재이며, 생존 시와 사후의 행복에서
가장 주요한 창조자이자 미덕을 주는 존재다.

Love is the eldest, noblest, and mightiest of the gods,
and the chiefest author and giver of virtue in life and
happiness after death.

- 플라톤(Platon, 고대 그리스 철학자)

사랑은 사랑의 어머니다.

Love is the mother of love.

- 미상

사랑은 두 영혼이 하나님을 향하는 길에서 서로 합치는
것이다.

Love is the joining of two souls on their way to God.

– 제임스 매튜 배리(James Matthew Barrie, 영국 소설가)

사랑은 게으른 자의 직업이고, 바쁜 사람의
즐거움이며, 군주의 난파선이다.

Love is the occupation of an idle man, the amusement
of a busy one, and the shipwreck of a sovereign.

– 나폴레옹 보나파르트(Napoleon Bonaparte, 프랑스 황제)

사랑은 가장 편안하면서 유쾌하며, 가장 겸손한 감사의
표현으로 마음에서 일어나는 정감이다.

Love is the most easy and agreeable, and gratitude the most
humiliating, affection of the mind.

– 올리버 골드스미스(Oliver Goldsmith, 영국 소설가)

사랑은 모든 사람의 마음을 여는 마스터키다.

Love is the master-key that opens every ward of the heart of man.

– 제임스 에반스(James H. Evans, 영국 성직자)

사랑은 당신이 느끼는 무엇일 뿐 아니라 당신이 하는 그 무엇이다.

Love is not only something you feel, it is something you do.

– 데이비드 윌커슨(David Wilkerson, 미국 목사)

세상에서 가장 좋으면서 아름다운 것은 보거나 들을 수 없고, 다만 가슴으로 느낄 수 있을 뿐이다.

The best and most beautiful things in this world cannot be seen or even heard, but must be felt with the heart.

– 헬렌 켈러(Helen Keller, 미국 작가/교육자)

세상에서 사랑보다 어려운 것은 없다.

Nothing in this world was more difficult than love.

- 파울로 코엘료(Paulo Coelho, 브라질 소설가)

사랑은 퇴색하지 않는 잉크다.

Love is the only ink which does not fade.

- 도로시 파커(Dorothy Parker, 미국 시인)

내가 당신을 사랑하는 것은 우주 전체가 공모해서 내가 당신을 찾도록 도와주기 때문이라오.

So, I love you because the entire universe conspired to help me find you.

- 파울로 코엘료(Paulo Coelho, 브라질 소설가)

사랑은 당신이 누군가와 함께해온 경험이다.

Love is what you've been through with somebody.

- 제임스 서버(James Thurber, 미국 작가)

우리가 결코 충분히 취할 수 없는 것은 사랑뿐이다.
그리고 우리가 결코 충분히 줄 수 없는 것도
사랑뿐이다.

The only thing we never get enough of is love; and the
only thing we never give enough of is love.

– 헨리 밀러(Henry Miller, 미국 소설가)

사랑은 시간이 흐르면서 강화되는 유일한 기억이다.

Love is the only memory which strengthens with time.

– 도로시 파커(Dorothy Parker, 미국 시인)

사랑은 가슴 안에 가둘 수 있는 불이 아니다. 모든
것이 사랑을 드러나게 한다. 사랑은 불완전하게 덮이면
더 크게 폭발할 뿐이다.

Love is not a fire which can be confined within the breast;
everything betrays it; and its fires imperfectly covered, only
burst out the more.

– 장 라신(Jean Racine, 프랑스 극작가)

사랑은 완전한 정신착란은 아니지만 그것과 비슷한
점이 많다.

Love is not altogether a delirium, yet has it many points
in common therewith.

– 토머스 칼라일(Thomas Carlyle, 영국 역사학자/평론가)

진실한 사랑은 대가를 기대하지 않을 때 시작된다.

True love begins when nothing is looked for in return.

– 앙투안 드 생텍쥐페리(Antoine de Saint-Exupéry, 프랑스 작가)

당신은 나에게 항상 있어야 하는 바로 그 부분입니다.

You're that part of me I'll always need.

– 미상

그것은 첫눈에 반한 사랑, 마지막에도 사랑 그리고 영원한 사랑이었다.

It was love at first sight, at last sight, at ever and ever sight.

– 블라디미르 나보코프(Vladimir Nabokov, 러시아 소설가)

사랑은 힘든 것을 전혀 모른다.

Love knows nothing of labour.

– 이탈리아 속담

사랑은 길들일 수 없는 힘이다. 통제하려 하면, 사랑은 우리를 파괴한다. 가두려 하면, 사랑은 우리를 노예로 삼는다. 이해하려 하면, 상실감과 혼란을 느끼게 한다.

Love is an untamed force. When we try to control it, it destroys us. When we try to imprison it, it enslaves us. When we try to understand it, it leaves us feeling lost and confused.

– 파울로 코엘료(Paulo Coelho, 브라질 소설가)

사랑은 이성(理性)에 대한 상상의 승리다.

Love is the triumph of imagination over intelligence.

– 헨리 루이스 멩켄(Henry Louis Mencken, 미국 문예비평가)

사랑을 따라가면 사랑이 도망을 가고, 사랑에서
도망치면 사랑이 따라온다.

Follow love and it will flee, flee love and it will follow thee.

– 존 게이(John Gay, 영국 극작가)

사랑은 여자의 세련미를 떨어뜨리고 남자의 세련미를
강화한다.

Love lessens the woman's refinement and strengthens the man's.

– 장 파울(Jean Paul, 독일 소설가)

사랑은 노동을 가볍게 하고 슬픔을 달게 한다.

Love lightens labour and sweetens sorrow.

– 미상

그녀는 똑 부러지는 여자였다. 단 사랑에 빠지기 전까지만.

She was a smart girl; until she fell in love.

– 영화 〈섹스 앤 더 시티(Sex & The City)〉에서

사랑이 있는 곳에 눈이 따라간다.

Where love is, there the eye is.

– 이탈리아 속담

사랑은 현실이 우리에게 얼마나 하찮은 것인지를
보여주는 아주 좋은 예다.

Love is a striking example of how little reality means to us.

– 마르셀 프루스트(Marcel Proust, 프랑스 작가)

사랑은 눈이 아닌 마음으로 본다. 그렇기 때문에 날개 달린
큐피드를 장님으로 그린다.

Love looks not with the eyes, but with the mind; and therefore is
wing'd Cupid painted blind.

– 윌리엄 셰익스피어(William Shakespeare, 영국 극작가)

인간관계의 측면에서 볼 때 공기처럼 가벼운 사랑은 날개를
활짝 펴고 순식간에 날아가버린다.

Love, free as air, at sight of human ties, spreads his light wings,
and in a moment flies.

– 알렉산더 포프(Alexander Pope, 영국 시인)

가장 강한 사랑은 연약함을 보여줄 수 있는 사랑이다.

The strongest love is the love that can demonstrate its fragility.

– 파울로 코엘료(Paulo Coelho, 브라질 소설가)

완벽한 여자가 나타나기를 꿈꾸면 그런
여자는 당신에게 접근조차 하지 않는다.

If I had to dream up the perfect woman,
she wouldn't even come close to you.

– 시트콤 〈보이 미트 월드(Boy Meets World)〉에서

사랑은 모든 허물을 가린다.

Love hath a large mantle.

– 잠언 10장 12절

사랑과 죽음은 모든 인간의 동정심이
유발되는 시발점이다.

Love and death are the two great hinges on
which all human sympathies turn.

– 벤저민 헤이든(Benjamin Haydon, 영국 화가)

사랑과 가난은 숨길 수 없다.

Love and poverty are hard to hide.

– 미상

당신과 함께 있을 땐 시간이 멈춰 선답니다.

When I'm with you, time stands still.

– 미상

여자보다 말로 감동을 주는 남자는 있지만, 여자의 눈처럼 설득력 있는 눈을 지닌 남자는 없다.

There are men the eloquence of whose tongues surpasses that of women, but no man possesses the eloquence of women's eyes.

– 리처드 웨버(Richard Weber, 아일랜드 시인)

고귀한 남자는 여자의 달콤한 말에 이끌려 먼 길을 간다.

A noble man is led a long way by a good word from women.

– 요한 볼프강 폰 괴테(Johann Wolfgang von Goethe, 독일 작가)

사랑은 시간의 측정법을 따르지 않는다. 사랑은
행복한 시간에 싹을 틔우고 꽃을 피우고
성숙한다.

Love follows no measure of time; it buds and
blossoms and ripens in one happy hour.

– 테오도르 쾨르너(Theodor Körner, 독일 시인)

당신은 나에게 달과 별을 약속할 필요가 없습니다. 그저
달과 별 밑에서 나와 영원히 함께하겠다고 약속해주세요.

You don't need to promise me the moon and the stars, just
promise me you will stand under them with me forever.

– 미상

사랑은 착한 사람의 기쁨이자 지혜로운 자의
경이로움이요, 신들의 놀라움이다.

Love is the joy of the good, the wonder of the
wise, the amazement of the gods.

– 플라톤(Platon, 고대 그리스 철학자)

내가 사랑이 무엇인지 알게 된다면 그것은 당신 때문입니다.

If I know what love is, it is because of you.

– 헤르만 헤세(Hermann Hesse, 스위스 시인/소설가)

사람들이 항상 갈망하고 때로는 성취하고자 하는 것은 인간의 사랑이다.

They knew now that if there is one thing one can always yearn for, and sometimes attain, it is human love.

– 알베르 카뮈(Albert Camus, 프랑스 작가)

내가 처음 사랑을 고백했던 날만큼 내가 당신을 사랑한다는 것을 당신이 항상 알 수 있도록 결혼해달라는 부탁을 멈추지 않겠습니다.

I will never stop asking you to marry me, so that you always know that I love you as much as the day I first asked.

– 미상

당신과 같이 있을 때 간혹 나 자신을 볼 수 없고,
오직 당신만 보입니다.

Sometimes I can't see myself when I'm with you.
I can only just see you.

– 미상

당신을 사랑하는 것이 내 인생에서 최고의
결정이었습니다.

Loving you was the best decision of my life.

– 미상

사랑은 주든 돌려받든 모두 달콤하다.

All love is sweet — given or returned.

– 퍼시 비시 셸리(Percy Bysshe Shelley, 영국 시인)

해가 떠 있고, 하늘은 파랗고, 오늘은 아름답고, 당신도
아름답습니다.

The sun is up, the sky is blue, today is beautiful and so are you.

– 미상

맹세컨대 지금보다 더 당신을 사랑할 수는 없지만, 내일은
그러리라는 걸 알아요.

I swear I couldn't love you more than I do right now, and yet
I know I will tomorrow.

– 레오 크리스토퍼(Leo Christopher, 미국 작가)

당신이 너무 자랑스럽고, 당신을 진심으로 사랑하며,
당신이 내 인생에 있어 정말 감사합니다.

I am so proud of you, I am so in love with you, I am so
grateful to have you in my life.

– 미상

당신이 내 마음을 훔쳤지만, 나는 당신이 계속 그것을
가지고 있게 하렵니다.

You stole my heart, but I'll let you keep it.

– 미상

하나의 마음은 두 주인을 섬길 수 없다.

One heart cannot serve two masters.

– 로빈 라페버스(Robin LaFevers, 미국 아동문학가)

사랑은 꽃 속에서 말하지만 진실엔 가시가 있어야 한다.

Love speaks in flowers. Truth requires thorns.

– 리 바르두고(Leigh Bardugo, 미국 판타지작가)

사랑은 모든 사람에게 똑같이 느껴진다.

Love is the same in all.

– 베르길리우스(Publius Vergilius Maro, 고대 로마 시인)

사랑은 많은 것을 할 수 있지만, 돈은 모든 것을 할 수 있다.

Love can do much, but money can do everything.

– 프랑스 속담

사랑은 가장 긴 팔을 가지고 있는 것 같다. 하지만 그래도
포옹하기엔 짧다.

Love may have the longest arms, but it can still fall short of an
embrace.

– 이바 마리 팔머(Iva-Marie Palmer, 미국 작가)

당신이 마음속에서 누군가를 사랑한다는 것을 알 때가
있습니다. 하지만 당신의 머리가 그것을 알기 전에 당신은
떠나야만 하지요.

Sometimes you know in your heart you love someone, but you
have to go away before your head can figure it out.

– 샤론 크리치(Sharon Creech, 미국 작가)

동물을 사랑하기 전에는 영혼이 완전히 깨어나지
않은 것이다.

Until one has loved an animal, a part of one's soul
remains unawakened.

– 아나톨 프랑스(Anatole France, 프랑스 작가/평론가)

사랑도 배워야만 한다.

Love, too, has to be learned.

– 프리드리히 니체(Friedrich Nietzsche, 독일 철학자)

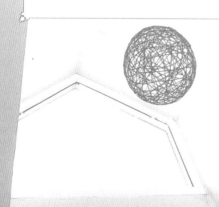

사랑은 슬픔으로 인도하는 확고한 초대장이다.

Love is an engraved invitation to grief.

– 선샤인 오도널(Sunshine O'Donnell, 미국 작가)

03
사랑의 의무와 목적

장미는 왜 창백한가요?

님이시여,
당신은 왜 장미가 그렇게 창백한지 말해줄 수 없나요?
그리고 왜 하늘색 바이올렛은 골짜기에서
시들어버려야 하는 건가요?

그리고 왜 구름 속을 나는 종달새는
슬픈 노래를 부르는 건가요?
그리고 왜 사랑스러운 봉숭아 봉오리에서
죽음의 향기가 피어나야 하나요?

그리고 왜 초원을 비추는 태양이
차갑게 인상을 찌푸리고 있을까요?
그리고 왜 대지는 무덤처럼 썩어가고
갈색이어야 하나요?

그리고 왜
나는 이토록 울적해야 하나요?
그리고 내 마음아,
왜 너는 나를 버린단 말이냐?

Why The Roses Are So Pale

DEAREST, canst thou tell me why
The rose should be so pale?
And why the azure violet
Should wither in the vale?

And why the lark should in the cloud
So sorrowfully sing?
And why from loveliest balsam-buds
A scent of death should spring?

And why the sun upon the mead
So chillingly should frown?
And why the earth should, like a grave,
Be moldering and brown?

And why it is that I myself
So languishing should be?
And why it is, my heart of hearts,
That thou forsakest me?

하인리히 하이네(Heinrich Heine, 독일 시인)

태양은 달을 너무 사랑한다. 그래서 매일 밤 달이 숨 쉴 수 있도록 자신은 죽는다.

The Sun loved the Moon so much he died every night just to let her breathe.

- 미상

당신의 애인이 당신을 지키기 위해 싸우지 않는다면 그 사람과의 관계를 유지하기 위해 애쓸 필요 없다.

If someone doesn't fight to keep you, never fight yourself to stay.

- 미상

당신이 누구를 사랑하는지 내게 말해주면, 나는 당신이 어떤 사람인지 말해드리리다.

Tell me who you love and I'll tell you who you are.

- 크리오요 속담

※ 크리오요(Creole)는 신대륙 발견 후 아메리카대륙에서 태어난 에스파냐인과 프랑스인의 자손들을 일컫는다.

천재에게 처음이자 마지막으로 필요한 것은 진리에 대한
사랑이다.

The first and last thing which is required of genius is love of truth.

– 요한 볼프강 폰 괴테(Johann Wolfgang von Goethe, 독일 작가)

이유 없이 당신을 사랑하는 사람을 찾아서 그 사람에게
당신을 사랑하는 이유를 쏟아붓듯 캐묻는 것이 바로
최고의 행복이다.

To find someone who will love you for no reason, and to shower
that person with reasons, that is the ultimate happiness.

– 로버트 브라울트(Robert Brault, 미국 저술가)

사랑이 있는 곳에 생명이 있다.

Where there is love there is life.

– 마하트마 간디(Mahatma Gandhi, 인도 정치가)

**당신을 향한 사랑은 여행길입니다. 영원을
출발점으로 하는, 결코 끝나지 않는 길입니다.**

My love for you is a journey; Starting at forever,
and ending at never.

– 미상

진정한 사랑 이야기에는 결말이 없다.

True love stories never have endings.

– 리처드 바크(Richard Bach, 미국 소설가)

**좋은 삶은 사랑에서 영감을 받고 지식으로
인도되는 삶이다.**

The good life is one inspired by love and guided
by knowledge.

– 버트런드 러셀(Bertrand Russell, 영국 철학자/사회학자)

슬플 때도 미소를 멈추지 마세요. 누군가가 당신의 미소에 반할 수도 있습니다.

Never stop smiling not even when you're sad, someone might fall in love with your smile.

– 가브리엘 가르시아 마르케스(Gabriel Garcia Márquez, 콜롬비아 소설가)

당신이 누군가와 함께 여생을 보내고 싶다는 것을 깨달으면 당신은 가능한 한 빨리 나머지 인생을 시작하길 원하게 돼요.

When you realize you want to spend the rest of your life with somebody, you want the rest of your life to start as soon as possible.

– 영화 〈해리가 샐리를 만났을 때(When Harry Met Sally)〉에서

사랑은 소유를 주장하지 않는 대신 자유를 준다.

Love does not claim possession but gives freedom.

– 라빈드라나트 타고르(Rabindranath Tagore, 인도 작가)

당신에게 미소가 하나밖에 없다면 당신이 사랑하는
사람들에게 전해주세요.

If you have only one smile in you give it to the people you love.

– 마야 안젤루(Maya Angelou, 미국 시인/소설가)

사랑이란 나에 대해 새로운 것을 말해주는 사람을
만나는 것이다.

Love is when you meet someone who tells you something
new about yourself.

– 앙드레 브르통(Andre Breton, 프랑스 시인)

내가 당신에게 사랑한다고 말할 때 그것은
습관적으로 하는 말이 아니라 당신이 내
인생이라는 것을 상기시키는 것입니다.

When I tell you I love you, I am not saying it out of
habit, I am reminding you that you are my life.

– 미상

사랑은 두 사람이 플레이해서 둘 다 이기는 게임이다.

Love is a game that two can play and both win.

– 에바 가버(Eva Gabor, 미국 영화배우)

내가 원하는 것은 당신을 사랑하고 당신을
행복하게 하며 살아가는 것입니다.

All I want to do is spend my life loving you and
making you happy.

– 미상

사랑이 최고조에 이르면 결코 잊을 수 없을 만큼 사랑하게
된다.

When love is at its best, one loves so much that he cannot forget.

– 헬렌 헌트 잭슨(Helen Hunt Jackson, 미국 시인)

좋은 결혼이라는 것이 있다면, 그것은 사랑보다는 우정을
닮았기 때문이다.

If there is such a thing as a good marriage, it is because it
resembles friendship rather than love.

– 미셸 드 몽테뉴(Michel de Montaigne, 프랑스 철학자)

불행한 결혼은 사랑이 부족해서가 아니라 우정의
결핍 때문에 생긴다.

It is not a lack of love, but a lack of friendship that
makes unhappy marriages.

– 프리드리히 니체(Friedrich Nietzsche, 독일 철학자)

사랑한다는 것은 절대로 버리지 않은 고향으로
돌아가는 것이요 나란 존재에 대해 생각하는 것이다.

To love is to return to a home we never left, to
remember who we are.

– 샘 킨(Sam Keen, 미국 저술가)

나는 완벽한 인간관계를 원하지 않는다. 그저 나를
포기하지 않을 사람이 필요할 뿐이다.

I don't need a perfect relationship, I just need
someone who won't give up on me.

– 나탈리 A.(Nathalie A., 미국 작가)

당신의 친구가 되는 것이 내가 원하는 전부였고,
당신의 연인이 되는 것이 내 꿈의 전부였습니다.

To be your friend was all I ever wanted;
to be your lover was all I ever dreamed.

– 발레리 롬바르도(Valerie Lombardo, 미국 작가)

당신이 누군가를 사랑하는 것은 그가 완벽하기
때문이 아닙니다. 그가 완벽하지 않은데도 당신은
그를 사랑하는 것입니다.

You don't love someone because they're perfect, you
love them in spite of the fact that they're not.

– 조디 피코(Jodi Picoult, 미국 작가)

친구보다 자기 재산을 더 사랑하는 사람은 다른
사람에게 사랑받을 자격이 없다.

He who loves his wealth better than his friends does not
deserve to be loved by any one.

– 프랑스 속담

네 남자 곁에 있어라. 그에게 매달릴 두 팔과
따뜻한 뭔가를 주어라.

Stand by your man. Give him two arms to cling
to and something warm to come to.

– 태미 와이넷(Tammy Wynette, 미국 가수)

남자는 자기 말을 들어주는 여자와는 이미 반쯤
사랑에 빠져 있다고 볼 수 있다.

A man is already halfway in love with any woman who
listens to him.

– 브렌던 비언(Brendan Behan, 아일랜드 극작가)

사랑하는 사람은 믿어도 좋다.

He who loves, believes.

– 이탈리아 속담

사랑은 불 위에 놓인 우정이다.

Love is friendship set on fire.

– 제레미 테일러(Jeremy Taylor, 영국 목사)

사랑은 모든 사람에게 베풀고, 신뢰는 몇 사람에게만 보내고,
잘못은 그 누구에게도 저지르지 말라.

Love all, trust a few, do wrong to none.

– 윌리엄 셰익스피어(William Shakespeare, 영국 극작가)

진정한 사랑에는 열정뿐만 아니라 헌신과 지혜가 필요하다.

Genuine love involves not only passion, but also commitment and
wisdom.

– 미상

폭풍이 지나간 뒤에 항상 나의 무지개가 되어줘서 고마워.

Thank you for always being my rainbow after the storm.

– 미상

진정한 사랑이라고 해서 헤어질 수 없는 것은 아니다. 진정한 사랑은 떨어져 있어도 아무것도 변하지 않는다.

True love does not really mean being inseparable. It just means being separated, yet, nothing ever changes.

– 미상

내 인생에서 내가 당신에게 합당한 일을 했는지 말해주세요. 나는 내가 계속 그렇게 하고 있는지 확인하고 싶습니다.

Please tell me what I have done to deserve you in my life. I just want to be sure that I keep on doing it.

– 미상

나는 당신 뒤만 따르다가 당신이 어둠 속에 빠지도록 방치하지 않을 겁니다. 대신 내가 앞장서 걸으며 당신의 길을 비추어줄 겁니다.

I will not follow you to the dark. Instead, I will walk ahead and light the way for you.

– 미상

나는 너의 첫 번째 데이트 상대, 첫 번째 키스 상대,
첫 번째 사랑의 상대가 아닐지 모르지만, 너의
마지막 모든 것이 되고 싶어.

I may not be your first date, kiss or love but I want to
be your last everything.

- 미상

키스해주세요, 그러면 당신은 별들을 보게 될
거예요. 별들을 당신에게 드리겠습니다.

Kiss me, and you may see stars. Love me, and I will
give them to you.

- 미상

인간의 삶의 목적은 누가 그것을 통제하든 사랑받기 위해
주변에 있는 사람을 사랑하는 것이다.

A purpose of human life, no matter who is controlling it, is to love
whoever is around to be loved.

– 커트 보니것(Kurt Vonnegut, 미국 소설가)

나 스스로 행복해지려면 최소한 다른 한 명을 행복하게
해줘야 한다.

In order to be happy oneself it is necessary to make at least one
other person happy.

– 테오도어 라이크(Theodor Reik, 미국 정신분석학자)

하나님은 나를 살리시지만, 당신은 나를 사랑으로 붙잡고
있습니다.

God is keeping me alive but you are keeping me in love.

– 미상

당신이 배울 수 있는 것 가운데 가장 위대한 것은 사랑하고
그로 인해 사랑을 받는 것이다.

The greatest thing you'll ever learn is to love and be loved in
return.

– 나탈리 콜(Natalie Cole, 미국 가수/영화배우)

로맨스는 일상의 먼지를 황금빛 안개로 바꾸는 마술이다.

Romance is the glamour which turns the dust of everyday life into a golden haze.

– 엘리노어 글린(Elinor Glyn, 영국 소설가)

내가 아름답기 때문에 나를 사랑하는 것인가, 아니면 당신이 나를 사랑하기 때문에 내가 아름다운 것인가?

Do you love me because I am beautiful, or am I beautiful because you love me?

– 오스카 해머스타인 2세(Oscar Hammerstein II, 미국 작가/작사가)

나를 돌봐주고, 영감을 주고, 믿어주고, 격려해주고, 무엇보다 나를 사랑해줘서 고마워요.

Thank you for taking care of me, for inspiring me, for believing in me, for encouraging me and, above all, for loving me.

– 미상

사랑의 가장 좋은 증거는 신뢰다.

The best proof of love is trust.

– 조이스 브라더스(Joyce Brothers, 미국 심리학자)

항상 나를 세상에서 가장 아름다운 여성으로 느끼게
해주어서 고맙습니다.

Thank you for always making me feel like the most beautiful
woman in the world.

- 미상

친구들은 행복할 때가 아니라 어려울 때 그들의 사랑을
보여준다.

Friends show their love in times of trouble, not in happiness.

- 에우리피데스(Euripides, 고대 그리스 비극시인)

가장 위대한 치료법은 우정과 사랑이다.

The greatest healing therapy is friendship and love.

- 휴버트 험프리(Hubert H. Humphrey, 미국 정치가)

아무리 암울한 상황에서도 사랑과 희망은 늘 가능하다.

No matter how dark the moment, love and hope are always possible.

– 조지 샤키리스(George Chakiris, 미국 영화배우)

당신을 사랑하게 된다면 당신에게 나의 사랑을
매일 보여주겠습니다. 큰 것이든 작은 것이든 모두
보여주겠습니다.

If I love you, I show you I love you every day. Little things, big things.

– 드웨인 존슨(Dwayne Johnson, 미국 영화배우)

엉뚱한 생각일지 모르지만, 당신의 눈에 사람들이
우스꽝스러워 보일 때만 당신이 그들을 얼마나 사랑하는지
깨닫게 된다.

It is a curious thought, but it is only when you see people looking ridiculous that you realize just how much you love them.

– 애거서 크리스티(Agatha Christie, 영국 소설가)

당신이 하는 작은 일 때문에 내가 당신에게 미친 듯 끌리는 것입니다.

It's the little things you do that makes me so crazily attracted to you.

– 미상

사랑은 비 온 뒤의 햇살처럼 편안하다.

Love comforteth like sunshine after rain.

– 윌리엄 셰익스피어(William Shakespeare, 영국 극작가)

사랑은 사랑을 갈구하는 사람이 아니라 사랑을 주는 사람을 찾아간다.

Love does not come to those who seek it, but to those who give love.

– 미상

마음은 침묵 속에서도 상대방을 이해한다.

Some hearts understand each other, even in silence.

– 미상

그녀는 집에서 고귀한 부인이다. 그녀는 자녀를 출산한 아내다. 그녀는 그녀의 삶을 자신의 삶처럼 여기는 남자의 부인이다. 그녀는 남편에게 순종하는 아내다. 여자는 남자의 반쪽이다. 부인은 남편의 가장 가까운 친구다. 아내는 남편이 추구하는 종교, 세속적인 이익, 사랑의 원천이다. 아내가 있는 남자는 집에 재물을 들여온다. 아내가 있는 남자는 축복받은 사람이다. 아내는 친구로서 친절하고 부드러운 말투로 당신의 은퇴를 달래준다. 당신이 고통받을 때는 당신의 어머니가 되어주고, 험난한 삶의 길을 여행하는 사람들에겐 신선한 다과를 제공하는 역할을 한다.

She is a wife who is notable in her house; she is a wife who beareth children; she is a wife whose husband is as her life; she is a wife who is obedient to her lord. The wife is half the man; a wife is man's dearest friend; a wife is the source of his religion, his worldly profit, and his love. He who hath a wife maketh offerings in his house. Those who have wives are blest with good fortune. Wives are friends, who, by their kind and gentle speech, soothe you in your retirement. In your distresses they are as mothers, and they are refreshment to those who are travellers in the rugged paths of life.
– 마하바라타(Mahābhārata, 인도 고대 산스크리트 대서사시)

모든 것이 인정되든 부정되든 변함없는 것은 진정한
사랑뿐이다.

That is true love which is ever the same, whether everything is
conceded to it or everything denied.

– 요한 볼프강 폰 괴테(Johann Wolfgang von Goethe, 독일 작가)

오직 왕만이 여왕의 마음을 살 수 있다.

Only a king can attract a queen.

– 미상

말하기 부끄럽지만, 사랑이 나에게 글을 쓰라고
명령했다.

What I was ashamed to say, love has ordered me to write.

– 오비디우스(Publius Naso Ovidius, 고대 로마 시인)

사랑과 종교는 우정보다 강하다.

Love and religion are both stronger than friendship.

– 벤저민 디즈레일리(Benjamin Disraeli, 영국 정치가/작가)

참다운 사랑은 이기심 없이
희생할 준비가 되어 있다.

True love is selfless.
It is prepared to sacrifice.

– 사두 바스와니(Sadhu Vaswani, 인도 교육자)

사랑은 꽃과 같고
우정은 몸을 피할 수 있는
나무와 같다.

Love is flower like;
Friendship is like a sheltering tree.

– 새뮤얼 테일러 콜리지(Samuel Taylor
Coleridge, 영국 시인/문학평론가)

사랑과 신뢰만이 모든 인간의 영혼을 위한 어머니의 젖이다.

Love and trust are the only mother-milk of any man's soul.

- 존 러스킨(John Ruskin, 영국 문학평론가)

사랑은 믿음을 요구하고 믿음은 확고함을 요구한다.

Love asks faith, and faith asks firmness.

- 미상

사랑은 그녀에게 가장 좋은 것을 줄 수 있기에 환희에 잠긴다.
사랑이 있는 곳에서는 주는 것이야말로 최고의 축복이다.

Love delights to bring her best, and where love is, that offering
evermore is blest.

- 존 키블(John Keble, 영국 시인/사제)

사랑은 더 많은 것을 할 수 있지만 그만큼 의무도 많다.

Love can do much, but duty still more.

- 요한 볼프강 폰 괴테(Johann Wolfgang von Goethe, 독일 작가)

> 사랑은 번개처럼 쳐들어오지만, 우정은 여명의
> 달빛처럼 은은히 다가온다. 사랑은 얻고 소유하지만,
> 우정은 희생하면서 아무것도 요구하지 않는다.
>
> Love breaks in with lightning flash; friendship comes
> like dawning moonlight. Love will obtain and possess;
> friendship makes sacrifices but asks nothing.
>
> – 에마누엘 가이벨(Emanuel Geibel, 독일 시인)

사랑, 우정, 자선은 모두 시기와 비난의 대상이다.

Love, friendship, charity are subjects all to envious and
calumniating time.

– 윌리엄 셰익스피어(William Shakespeare, 영국 극작가)

사랑은 거저 주는 것이지 사는 것이 아니다.

Love gives itself, and is not bought.

– 헨리 워즈워스 롱펠로(Henry Wadsworth Longfellow, 미국 시인)

사랑은 장님이나 청각장애인도 알 듯이 우리의 애정 가운데
가장 부드러운 것으로 여겨진다. 그러나 나는 소수 사람들이
믿는 진정한 우정이 여전히 더 부드럽다는 것을 안다.

Love is deemed the tenderest of our affections, as even the
blind and the deaf know; but I know, what few believe, that true
friendship is more tender still.

– 아우구스트 폰 플라텐(August von Platen, 독일 시인)

사랑은 선물이자 자기희생이다.

Love is ever the gift, the sacrifice of self.

– 캐논 리던(Canon Liddon, 영국 신학자)

사랑은 수년 동안 고생해도 얻기 힘든 것을 대번에
양도하게 한다.

Love concedes in a moment what we can hardly
attain by effort after years of toil.

– 요한 볼프강 폰 괴테(Johann Wolfgang von Goethe, 독일 작가)

사랑은 한쪽 눈에 흠이 있는 친구의 그림을 그린다면서
다른 쪽 얼굴만 그리는 화가와 같다.

Love is like the painter, who, being to draw the picture of a
friend having a blemish in one eye, would picture only the
other side of his face.

– 새뮤얼 존슨(Samuel Johnson, 영국 시인)

사랑은 게으른 자에겐 큰 일거리지만 바쁜 자에겐 게으른
행위다.

Love is the business of the idle, but the idleness of the busy.

– 에드워드 불워 리턴(Edward Bulwer-Lytton, 영국 정치가/소설가)

사랑은 사랑의 표현만큼 많은 증거가 필요치 않다.

Love requires not so much proofs as expressions of love.

– 장 파울(Jean Paul, 독일 소설가)

사랑은 한쪽으로 치우치면 안 된다.

Love should not be all on one side.

– 미상

너무 늦은 사랑은 빛을 발하지 못한다.

Love too late can never glow.

– 존 키블(John Keble, 영국 시인/사제)

사랑은 놀라우리만큼 작은 희망에 의존하지만,
그마저도 없다면 존재할 수 없다.

Love will subsist on wonderfully little hope, but not
altogether without it.

– 월터 스콧(Walter Scott, 스코틀랜드 시인/역사가)

응답이 없는 사랑은 해답이 없는 질문과 같다.

Love without return is like a question without an answer.

– 독일 속담

사랑이라는 식물은 눈물로 물을 주면서 정성껏 보살펴야
한다.

Love's plant must be watered with tears and tended with care.

– 덴마크 속담

사랑은 이유 없이 받아들여진다.

Love's reasons without reason.

– 윌리엄 셰익스피어(William Shakespeare, 영국 극작가)

사랑은 말보다는 행동으로 더 많이 표현된다.

Love is shown more in deeds than in words.

– 이그나티우스 데 로욜라(Ignatius de Loyola, 에스파냐 사제)

사랑엔 외적인 포장이 필요 없다. 포장되지 않을 때의
사랑이 가장 많은 것을 나타내기 때문이다.

Loveliness needs not the foreign aid of ornament, but is,
when unadorn'd, adorn'd the most.

– 제임스 톰슨(James Thomson, 영국 시인)

사랑은 추구할 때,
우정은 소유할 때 가장 강하다.

Love is strongest in pursuit,
friendship in possession.

– 랠프 왈도 에머슨(Ralph Waldo Emerson, 미국 사상가)

사랑은 약해지지 않는 유대감이다.

Love is the bond which never corrodes.

– 도로시 파커(Dorothy Parker, 미국 시인)

사랑은 의무에 가깝다.

Love is kin to duty.

– 루이스 모리스(Lewis Morris, 미국 정치가)

당신의 이웃을 사랑하되 그들과의 경계는 허물지 말라.

Love your neighbour, but don't tear down the fence.

– 독일 속담

사랑하는 사람을 향한 유일한 맹세는 이런 내용일 것이다.
"단 한순간도 너를 외롭게 하지 않을 거야."

Maybe the only vow we ever need to offer the one we love is
this: I will never, not for a sliver of a second, make you feel alone.

– 미상

사랑하는 것이 있다면 가도록 내버려두라. 다시
돌아온다면 그땐 당신 것이다.

If you love something let it go, if it comes back it's yours.

– 제임스 패터슨(James Patterson, 미국 소설가)

사랑의 불은 한 번 꺼지면 다시 불붙이기 힘들다.

Love's fire, if it once go out, is hard to kindle.

– 미상

당신을 정말 사랑하는 사람은 당신이 얼마나 엉망진창인지, 얼마나 변덕스러운지, 얼마나 다루기 힘든지를 알면서도 여전히 당신을 사랑한답니다.

Someone who really loves you sees what a mess you can be, how moody you can get, how hard you are to handle, but still wants you.

– 미상

사랑에 빠질 때까지는 그저 잠들어 있는 것이다!

We are asleep until we fall in love!

– 레프 톨스토이(Lev Tolstoy, 러시아 소설가)

사랑은 삶에 대한 의지의 궁극적 표현이다.

Love is the ultimate expression of the will to live.

– 톰 울프(Tom Wolfe, 미국 소설가/언론인)

당신은 항상 사랑을 주는 것으로 이득을 얻는다.

You always gain from giving love.

– 리즈 위더스푼(Reese Witherspoon, 미국 배우)

별이 불인지를 의심하라.

태양이 움직이는지를 의심하라.

진실이 거짓이 아닌지를 의심하라.

하지만 나의 사랑은 의심하지 말라.

Doubt thou the stars are fire;

Doubt that the sun doth move;

Doubt truth to be a liar;

But never doubt I love.

– 윌리엄 셰익스피어(William Shakespeare, 영국 극작가)

성경에 기록된 바와 같이 누군가를 사랑하는 것이 바로
하나님의 얼굴을 보는 것이라는 사실을 기억하십시오.

And remember, as it was written, to love another person is to see
the face of God.

– 빅토르 위고(Victor Hugo, 프랑스 소설가)

우리는 사랑 이상의 사랑으로 사랑했답니다.

We loved with a love that was more than love.

– 에드거 앨런 포(Edgar Allan Poe, 미국 작가)

당신은 외모를 보고, 의상을 보고, 고급 승용차를 보고
누군가를 사랑하는 것이 아니다. 그 사람이 당신만 들을 수
있는 노래를 부르기 때문에 그를 사랑하는 것이다.

You don't love someone for their looks, or their clothes, or for
their fancy car, but because they sing a song only you can hear.

– 오스카 와일드(Oscar Wilde, 아일랜드 시인/소설가)

당신이 완벽해서 당신을 사랑합니다. 당신이 완벽하지 않아서 더욱더 당신을 사랑합니다.

I saw that you were perfect, and so I loved you. Then I saw that you were not perfect and I loved you even more.

– 안젤리타 림(Angelita Lim, 미국 작가)

미성숙한 사랑이 말한다. "네가 필요하기 때문에 난 너를 사랑해." 성숙한 사랑이 말한다. "너를 사랑하기 때문에 난 네가 필요해."

Immature love says: 'I love you because I need you.' Mature love says: 'I need you because I love you.'

– 에리히 프롬(Erich Fromm, 미국 정신분석학자/사회심리학자)

사랑은 불 위에 놓인 우정이다.

Love is friendship on fire.

– 수전 손택(Susan Sontag, 미국 소설가/예술평론가)

행운과 사랑은 용감한 자를 좋아한다.

Fortune and love favor the brave.

– 오비디우스(Publius Naso Ovidius, 고대 로마 시인)

당신이 하는 일과 똑같은 것을 비웃는 사람과 결혼하십시오.

Make sure you marry someone who laughs at the same things you do.

- 제롬 데이비드 샐린저(Jerome David Salinger, 미국 소설가)

우정은 이해를 수반한 사랑이다.

Friendship is love with understanding.

- 독일 속담

평등은 가장 견고한 사랑의 유대다.

Equality is the firmest bond of love.

- 고트홀트 에프라임 레싱(Gotthold Ephraim Lessing, 독일 작가/문학평론가)

사랑받는 것보다는 사랑하는 데 더 큰 기쁨이 있다.

There is more pleasure in loving than in being beloved.

– 토머스 풀러(Thomas Fuller, 영국 성직자)

나는 사랑에 대해 걱정할 것이 아니라 온 마음을 다해
다가오는 사랑을 존중해야 한다는 것을 알게 되었다.

I have learned not to worry about love, but to honor its
coming with all my heart.

– 앨리스 워커(Alice Walker, 미국 소설가)

증오는 언제나 증오로 끝나지 않는다. 증오는 사랑에
의해서만 종식된다.

Hatred does not cease by hatred at any time; hatred ceases
by love.

– 석가모니(釋迦牟尼, 불교 창시자)

사랑은 미친 짓이다. 방해를 받으면 더 빨리 발전한다.

Love is a madness; if thwarted it develops fast.

– 마크 트웨인(Mark Twain, 미국 소설가)

사랑은 가장 가까운 사람들, 즉 집에 있는 사람들을
돌보는 것에서 시작된다.

Love begins by taking care of the closest ones — the
ones at home.

– 테레사 수녀(Mother Teresa)

사랑하면서 손해를 보는 것이 전혀 사랑하지 않고
손해를 안 보는 것보다 낫다.

It is better to have loved and lost than never to have
lost at all.

– 새뮤얼 버틀러(Samuel Butler, 영국 소설가)

사랑은 의무보다 더 훌륭한 주관자다.

Love is a better master than duty.

– 알베르트 아인슈타인(Albert Einstein, 미국 물리학자)

친구를 사랑할 때는 그의 모든 결점을 포용할 줄
알아야 한다.

Love your friend with all his faults.

– 이탈리아 속담

여자의 우정은 남자의 우정보다 사랑에 더 가깝다.

A woman's friendship borders more closely on love than a
man's.

– 새뮤얼 테일러 콜리지(Samuel Taylor Coleridge, 영국 시인/문학평론가)

진실한 사랑은 당신이 가장 행복할 때 오지 않는다.
당신이 수렁에 빠져서 허덕일 때 당신을 만나러 온다.

Real love doesn't meet you at your best. It meets you in
your mess.

– 미상

삶에서 가장 큰 비극은 사람이 죽는 것이 아니라
사람이 사랑하기를 중단하는 것이다.

The great tragedy of life is not that men perish,
but that they cease to love.

– 윌리엄 서머싯 몸(William Somerset Maugham, 영국 작가)

04
사랑의 증상과 열정

사랑의 노래

나는 수사슴, 당신은 암사슴
당신은 새, 나는 나무
당신은 태양, 나는 눈
당신은 대낮, 나는 꿈

밤중에 나의 잠든 입에서
한 마리의 황금새가 당신에게 날아가지요.
새의 목소리는 경쾌하고 깃털은 화려합니다.
새는 당신에게 사랑이 가득 담긴 노래를 부릅니다.
내가 보낸 노래를 당신에게 불러주지요.

Love Song

I am the deer buck and you the doe,
You the bird and I the tree,
You the sun and I the snow,
You are the day and I the dream.

At night from my sleeping mouth
A golden bird flies to you,
Its voice is bright, its feathers colourful,
It sings the song full of love to you,
It sings to you the song from me.

헤르만 헤세(Hermann Hesse, 스위스 시인/소설가)

내가 당신을 사랑하는 것은 당신이 뭔가를 가지고 있기 때문이 아니라 내가 당신 곁에 있을 때 느껴지는 무엇 때문입니다.

I love you not because of anything you have, but because of something that I feel when I'm near you.

– 미상

모든 사랑과 우정은 예상치 않은 변화의 이야기다. 사랑하기 전이나 후가 똑같다면 충분히 사랑했다고 볼 수 없다.

Every true love and friendship is a story of unexpected transformation. If we are the same person before and after we loved, that means we haven't loved enough.

– 엘리프 샤팍(Elif Shafak, 터키 소설가)

그녀를 사랑하되, 그녀를 자유롭게 놓아주라.

Love her but leave her wild.

– 던컨 펜(Duncan Penn, 캐나다 시인)

🌿

당신이 장미꽃을 중요하게 생각하는 것은 당신이
장미에 쏟은 시간 때문이다.

It is the time you have wasted for your rose that makes
your rose so important.

– 앙투안 드 생텍쥐페리(Antoine de Saint-Exupéry, 프랑스 작가)

🌿

당신과 같이 있을 땐 종종 내가 보이지 않아요. 오직
당신만 보이니까요.

Sometimes I can't see myself when I'm with you. I can
only just see you.

– 조디 린 앤더슨(Jodi Lynn Anderson, 미국 아동문학작가)

사랑은 걸어갈 수 없는 곳엔 기어서 간다.

Love will creep where it cannot go.

- 랠프 왈도 에머슨(Ralph Waldo Emerson, 미국 사상가)

우리에게 남을 것은 사랑뿐이다.

What will survive of us is love.

- 필립 라킨(Philip Larkin, 영국 시인/소설가)

**네가 옆에 있으면
내 모든 문제가 사라지는 것 같아.**

When you're beside me,
I feel like all my problems vanish in the air.

- 미상

진정한 열정 없이 쓰인 사랑의 시는 모든 자만심
중에서 가장 메스껍다.

Love-verses, writ without any real passion, are the
most nauseous of all conceits.

– 윌리엄 셴스톤(William Shenstone, 영국 시인)

인생에서 최고의 행복은 자신이 사랑받고 있다는
확신에 거한다.

The supreme happiness of life consists in the conviction
that one is loved.

– 빅토르 위고(Victor Hugo, 프랑스 소설가)

내일 무슨 일이 일어나든, 내 평생에 무슨 일이 벌어지든, 나는
지금 행복합니다. 당신을 사랑하니까요.

Whatever happens tomorrow, or for the rest of my life, I'm happy
now··· because I love you.

– 영화 〈사랑의 블랙홀(Groundhog Day)〉에서

너의 눈을 쳐다볼 때마다 마치 내 영혼을 비추는
거울을 보는 것 같았어.

Every time I would stare into your eyes, it's like I have
found the mirror to my soul.

– 미상

우리가 서로 사랑하는 것은 사랑만이 진짜
모험이기 때문이지요.

We love because it's the only true adventure.

– 니키 지오바니(Nikki Giovanni, 미국 시인)

❄

모든 사랑 이야기가 아름답지만, 나는 우리 사랑
이야기를 가장 좋아합니다.

Every love story is beautiful, but ours is my favorite.
– 미상

❄

나는 당신과 이야기하지 않고 며칠을, 당신을 보지
않고도 몇 달을 보낼 수 있습니다. 하지만 당신을
생각하지 않고는 단 1초도 보낼 수 없습니다.

I can go days without talking to you, months without
seeing you, but not a second goes by that I don't think
about you.
– 가렛 베일리(Garrett Bailey, 미국 작가)

❄

꿈을 꾸거나 사랑에 빠지면 불가능이 없어진다.

In dreams and in love there are no impossibilities.
– 야노시 어러니(János Arany, 헝가리 시인)

아침에 일어나서 가장 먼저 떠오르는 생각은
항상 당신입니다.

My first thought in the morning is
always you.

– 폴 레시(Paul Lesch, 룩셈부르크 영화감독)

어디를 봐도 당신의 사랑이 생각나요.
당신은 내 세상인걸요.

Everywhere I look, I am reminded of
your love. You are my world.

– 미상

모든 인간은 사랑에 빠진 사람을
사랑하게 되어 있다.

All mankind love a lover.

– 랠프 왈도 에머슨(Ralph Waldo Emerson, 미국 사상가)

사랑에 빠진 사람의 눈은 독수리를 눈먼 동물로 인식한다.

A lover's eyes will gaze an eagle blind.

– 윌리엄 셰익스피어(William Shakespeare, 영국 극작가)

사랑에 빠진 것은 정신착란에 빠진 것이다.

In love, in delirium.

– 테렌티우스(Publius Terentius Afer, 고대 로마 시인/희극작가)

그녀를 보는 것은 그녀를 사랑하기 때문입니다.
오직 그녀만을 사랑하고, 영원히 사랑합니다.

But to see her was to love her — love but her,
and love for ever.

– 로버트 번스(Robert Burns, 스코틀랜드 시인)

나는 당신 곁에 있을 때 가장 행복해진답니다.

I am happiest when I'm right next to you.

– 미상

사랑에서의 문제는 어떤 기억을 사랑하면 할수록 그 기억이 더 공고해지면서 이상해진다는 것이다.

I think it is all a matter of love; the more you love a memory the stronger and stranger it becomes.

– 블라디미르 나보코프(Vladimir Nabokov, 미국 소설가/시인/곤충학자)

나의 밤은 당신 때문에 화창한 새벽이 되었습니다.

My night has become a sunny dawn because of you.

– 미상

사랑은 충성심을 시험하기 위해 종종 가면을 쓴다.

Love often wears a mask in order to test loyalty.

– 미나 앤트림(Minna Antrim, 미국 저술가)

당신을 보았을 때,

나는 당신을 만나는 것이 두려웠습니다.

당신을 만났을 때,

나는 당신에게 키스하는 것이 두려웠습니다.

당신에게 키스했을 때,

나는 당신을 사랑하는 것이 두려웠습니다.

당신을 사랑하는 지금,

나는 당신을 잃을까 두렵습니다.

When I saw you, I was afraid to meet you.
When I met you, I was afraid to kiss you.
When I kissed you, I was afraid to love you.
Now that I love you, I'm afraid to lose you.

– 르네 야세넥(Rene Yasenek, 미국 작가)

사랑하는 사람을 두려워하라.

He who loves, fears.

– 이탈리아 속담

죽는 사람과 사랑하는 사람은 날개가 없어도 세상에서
하늘로 올라갈 수 있다.

He who loves, as well as he who dies, needs no other
wing by which to soar from earth to heaven.

– 미켈란젤로(Michelangelo Buonarroti, 이탈리아 조각가)

벽을 향해 던지면 되돌아오는 공과는 달리 과녁을 향해
날아가는 화살처럼 당신의 사랑을 친구들에게 전달하라.

Convey thy love to thy friend as an arrow to the mark; not as a
ball against the wall, to rebound back again.

– 프란시스 퀄스(Francis Quarles, 영국 시인)

당신을 향한 사랑은 선택이 아니라 필수였습니다.

Loving you never was an option — it was necessity.

- 미상

사랑의 손길이 닿으면 누구나 시인이 된다.

At the touch of love everyone becomes a poet.

- 플라톤(Platon, 고대 그리스 철학자)

미치지 않는 사랑은 사랑이 아니다.

When love is not madness it is not love.

- 페드로 칼데론 데라바르카(Pedro Calderón de la Barca, 에스파냐 작가)

당신을 사랑하는 것에는 광기로 인해, 이성의 결핍으로 인해
흠잡을 데 없는 것처럼 느껴져요.

There is a madness in loving you, a lack of reason that makes it
feel so flawless.

- 레오 크리스토퍼(Leo Christopher, 미국 작가)

✤

단 1분만 당신을 쳐다보아도 내가 당신을 사랑하는 이유 1천
가지를 발견할 수 있습니다.

Because I could watch you for a single minute and find a
thousand things that I love about you.

– 미상

✤

이것이 내가 살아야 하는 유일한 삶이라면, 남은 생은 당신과
함께 보내고 싶습니다.

If this is the only life I have to live, I want to spend the rest of it
with you.

– 미상

🌸

당신은 내 삶에 완전히 새로운 의미를 주었습니다. 나는
당신을 보내지 않을 것입니다.

You gave my life a whole new meaning. I will never let you go.

– 미상

🌸

그녀의 미소에서 나는 별보다 더 아름다운 것을 본다.

And in her smile I see something more beautiful than the
stars.

– 베스 레비스(Beth Revis, 미국 작가)

🌸

물에 빠진 사람이 공기를 사랑하는 것처럼 당신을
사랑합니다. 당신에게 공기가 조금밖에 없다면 나는 죽을
것입니다.

I love you the way a drowning man loves air. And it would
destroy me to have you just a little.

– 래 카슨(Rae Carson, 미국 소설가)

나는 당신에게 모든 것을 줄 수는 없지만, 한 가지 확실한
것은 내가 당신의 전부라는 것입니다.

I may not be able to give you everything but one thing is for sure,
all I am is yours.

– 미상

자신에게 상처를 주는 가장 확실한 방법은 첫 실패에서 바로
사랑을 포기하는 것이다.

The surest way to hurt yourself is to give up on love, just because
it didn't work out the first time.

– 아만다 하웰(Amanda Howells, 미국 작가)

키스가 눈송이라면 나는 당신에게 눈보라를 보낼 것입니다.

If kisses were snowflakes, I'd send you a blizzard.

– 미상

너의 눈을 보면 나를 위해 특별히 만들어진 영혼을 볼 수
있어.

When I look into your eyes, I see the soul that was made
especially for me.

– 미상

말이 필요 없습니다. 내 눈을 들여다보세요. 그러면 내 영혼이
보일 것이고, 내 영혼은 내가 당신을 사랑한다는 것을 알게
해줄 겁니다.

There is no need to say anything. Look into my eyes and you will
see my soul and it will show you my love for you.

– 미상

나의 모든 것이 당신의 모든 것을 사랑합니다.

All of me loves all of you.

– 존 레전드(John Legend, 미국 가수 / 영화배우)

❀

현실이 꿈보다 좋은 것이라서 잠들 수 없다면,
당신이 사랑에 빠졌다고 생각하라.

You know you're in love when you can't fall asleep
because the reality is finally better than your dreams.

– 닥터 수스(Dr. Seuss, 미국 작가)

❀

당신과 함께하는 날마다 나는 행복합니다.

I feel lucky every day when I'm with you.

– 미상

❀

아름답다고 해서 사랑하는 마음이 생기는 것은
아니다. 시선을 휘어잡지만 마음이 끌리지 않는
그런 아름다움이 있다.

All kinds of beauty do not inspire love: there is a
kind of it which pleases only the sight, but does not
captivate the affections.

– 미겔 데 세르반테스(Miguel de Cervantes, 에스파냐 소설가)

✽✽

나는 하늘만큼 높이 그리고 바다처럼 깊이 당신을
사랑합니다.

I love you as high as the sky and as deep as the sea.

– 미상

✽✽

나는 당신을 영원토록 쳐다볼 수 있습니다.

I could stare at you forever.

– 미상

✽✽

나는 태양이 질투할 정도로 깊은 사랑을
갈망합니다.

I crave love so deep, the ocean would be jealous.

– 미상

🌿

우리 완전범죄를 저질러봅시다. 내가 당신의 마음을 훔칠 테니 당신은 내 마음을 훔치세요.

Let's commit the perfect crime. I'll steal your heart and you'll steal mine.

– 미상

🌿

사랑은 바람과 같습니다. 눈에는 보이지 않지만 느낄 수 있으니까요.

Love is like the wind. You can'r see it, but you can feel it.

– 니컬러스 스파크스(Nicholas Sparks, 미국 소설가)

🌿

모든 소녀는 그녀를 볼 때마다 처음인 것처럼 바라보는 소년을 사귀어야 한다. 내가 바로 그런 소년이다.

Every girl deserves ONE GUY who looks at her every day like it's the first time he saw her. And I'm that ONE GUY.

– 미상

진정한 사랑은 숨기지 않는다.

True love suffers no concealment.

– 에스파냐 속담

나는 당신에 대한 느낌으로 불을 지필 수 있습니다.

I could start fires with what I feel for you.

– 미상

당신에게 무슨 말을 할지는 모르지만, 하여튼 당신과
이야기하고 싶습니다.

I don't know what to talk about, but I wanna talk to you.

– 미상

당신이 없었다면 내 꿈은 완성되지 않았을 거예요.

My dream wouldn't be complete without you in it.

– 영화 〈공주와 개구리(The Princess and the Frog)〉에서

✤

마음은 아름다운 눈 속에 절대로 꺼지지 않는 사랑의
불꽃을 지피는 초의 심지 같다. 아름다움은 나방처럼 자신을
불태우는 제물로 바치는 불꽃이다.

Hearts are like tapers, which at beauteous eyes kindle a flame of
love that never dies; And beauty is a flame, where hearts, like
moths, offer themselves a burning sacrifice.

– 오마르 하이얌(Omar Khayyām, 페르시아 수학자/천문학자/시인)

✤

사랑은 분노보다 강하다.

Love is mightier than indignation.

– 헨리 워드 비처(Henry Ward Beecher, 미국 성직자)

✤

질투는 축적된 죄에서 자라는 가장 고약한 열매로 신의
사랑의 불길 외에는 영혼에서 잘라낼 수 없는 미묘한 액체다.

Envy is the most acid fruit that grows on the stock of sin, a
fluid so subtle that nothing but the fire of divine love can purge
it from the soul.

– 호세아 발루(Hosea Ballou, 미국 성직자)

🌿

사랑에 빠지는 순간부터 성미가 다정해진다.

From the moment one falls in love, one becomes
sweet in the temper.

– 장 프랑수아 마르몽텔(Jean-François Marmontel, 프랑스
역사가/작가)

🌿

사랑은 환상의 돋보기로 모든 빛, 사랑하는 대상에서
발산되는 모든 광선을 한데 뭉쳐 하나의 초점에
투입해 전혀 흠이 없는 하나의 찬란한 태양을 만들려
하는 경향이 있다.

Love has the tendency of pressing together all the lights,
all the rays emitted from the beloved object, by the
burning-glass of fantasy, into one focus, and making of
them one radiant sun without spots.

– 요한 볼프강 폰 괴테(Johann Wolfgang von Goethe, 독일 작가)

🌿

사랑은 그저 광기일 뿐이다.

Love is merely a madness.

– 미상

타기도 전에 불타오르는 사랑은 결코 지속되지 않는다.

Love is never lasting which flames before it burns.

– 오웬 펠담(Owen Feltham, 영국 저술가)

인간사가 그러하듯 사랑은 모자라기보다는 지나쳐서
식어버리는 경우가 더 흔하다.

Love, like men, dies oftener of excess than hunger.

– 장 파울(Jean Paul, 독일 소설가)

아무래도 내 책에 당신에 대한 것을 써야겠습니다. 그러면
우리는 매일 만날 수 있는 장소가 생기게 되어 영원히 함께
있게 되겠지요!

May be its a good idea to write something about you in my
book… At least then, there will be a place where we will meet
everyday… and be together forever!

– 아나미카 미쉬라(Anamika Mishra, 인도 작가)

안식할 수 있는 '집'이 사람으로 바뀌었을 때 그녀는 자신이
그를 사랑한다는 것을 알았지요.

She knew she loved him when 'home' went from being a place
to being a person.

– 엘렌 레벤탈(Ellen Leventhal, 미국 작가)

사랑에 빠지는 것은 촛불을 손에 든 것과 같다. 처음엔 주변을
밝혀주다가 녹기 시작하면서 아프게 한다. 그러다가 불이
꺼지면 전보다 깜깜해지면서 당신에겐 불에 덴 화상 자국만
남게 된다!

Falling in love is like holding a candle. Initially, it lightens up the
world around you. Then it starts melting and hurts you. Finally,
it goes off and everything is darker than ever and all you are left
with is the… burn!

– 시에드 아르샤드(Syed Arshad, 인도 엔지니어/저술가)

당신의 입술은 절대 질리지 않습니다.

I'll never have enough of your lips.

- 미상

인간은 사랑할 때 가장 생동감이 돈다.

We are most alive when we're in love.

- 존 업다이크(John Updike, 미국 소설가)

당신과 함께 있는 동안엔 내가 더욱 나다워지는걸요.

I'm much more me when I'm with you.

- 미상

나는 당신과의 추억 만들기를 절대 멈추지 않을 겁니다.

I never want to stop making memories with you.

- 피에르 알렉스 장티(Pierre Alex Jeanty, 미국 저술가)

내 삶에서 옳은 일을 했다면 그것은 내 마음을
당신에게 주었을 때였습니다.

If I did anything right in my life, it was when I gave
my heart to you.

– 미상

잠이 다 깬 상태인데도 당신 꿈을 꾸다니 이상하군요.

How strange to dream of you even when I am wide awake.

– 데이비드 존스(David Jones, 미국 작가)

사랑은 장벽을 무시한다. 사랑은 장애물을 넘고,
펜스를 뛰어올라, 벽을 뚫고 들어가 희망으로 가득한
목적지에 도달한다.

Love recognizes no barriers. It jumps hurdles, leaps fences,
penetrates walls to arrive at its destination full of hope.

– 마야 안젤루(Maya Angelou, 미국 시인/소설가)

당신은 내 마음이 말하는 것의 전부입니다.

You're all my heart ever talks about.

– 미상

그 어떤 사람도, 심지어 시인조차도 인간의 심장이
얼마나 견딜 수 있는지를 측정한 바 없다.

Nobody has ever measured, not even poets, how much
the heart can hold.

– 젤다 피츠제럴드(Zelda Fitzgerald, 미국 소설가)

언제부터인지는 모르겠지만, 당신에 대한 사랑의
노래만 들립니다.

And suddenly all the love songs were about you.

– 미상

🌿

사랑하는 사람의 눈에는 결점도 아름답다.

Faults are beauties in lover's eyes.

– 테오크리토스(Theokritos, 그리스 시인)

🌿

사랑이 얇으면 결점이 두껍게 보인다.

Faults are thick when love is thin.

– 타밀족 속담

🌿

증오는 우정보다는 예리하지만 사랑보다는 부드럽다.

Hatred is keener than friendship, less keen than love.

– 뤽 드 클라피에르 보브나르그(Luc de Clapiers de Vauvenargues, 프랑스 작가)

🌿

당신의 음성은 내가 가장 좋아하는 소리랍니다.

Your voice is my favorite sound.

– 미상

화가는 자신이 사랑하는 것을 그려야 한다.

Every painter ought to paint what he himself loves.

– 존 러스킨(John Ruskin, 영국 예술평론가)

05
사랑의 운명과 고백

눈물

저녁의 마지막 빛이 물 위에 비치고
우리는 외롭게 침묵에 휩싸인 채
쓸쓸한 움막에 앉았습니다.

바다 안개가 짙어지고
물이 불어나면서 갈매기 울음소리가 높아졌습니다.
그리고 그녀의 부드러운 눈가에
눈물이 맺혔다가 떨어졌지요.

눈물이 그녀의 새하얀 손에 괴어 있어서
나는 앉아서 무릎을 꿇고는
그녀의 고운 손가락 사이를 흘러나온
그 귀중한 이슬을 들이마셨습니다.

그리고 그 슬픈 시간 이후
그리움 속에서 감정과 기력이 쇠약해졌지요.
아, 나는 미묘한 독이 스며 있는
마법에 걸린 눈물이 두렵습니다.

The Tear

The latest light of evening
Upon the waters shone,
And still we sat in the lonely hut,
In silence and alone.

The sea-fog grew, the screaming mew
Rose on the water's swell,
And silently in her gentle eye
Gathered the tears and fell.

I saw them stand on the lily hand,
Upon my knee I sank,
And, kneeling there, from her fingers fair
The precious dew I drank.

And sense and power, since that sad hour,
In longing waste away;
Ah me ! I fear, in each witching tear
Some subtile poison lay.

하인리히 하이네(Heinrich Heine, 독일 시인)

내가 당신에게 사랑한다고 말할 때 습관적으로 하는 것은
아니에요. 지금까지의 내 삶에서 당신을 사랑한 것이 가장
좋은 사건이라는 것을 알려주고 싶은 것이랍니다.

When I tell you I love you, I don't say it out of habit. I say it to
remind you that you are the best thing that has ever happened
to me.

– 니킬 살루야(Nikhil Saluja, 인도 작가)

나는 의문을 품지 않고 자존심도 없이 무조건
당신을 사랑합니다. 내가 이렇게 당신을 사랑하는
것은 달리 사랑하는 방법을 모르기 때문입니다.

I love you directly without problems or pride: I love you
like this because I don't know any other way to love….

– 파블로 네루다(Pablo Neruda, 칠레 시인)

사랑받은 사람이 불쌍하다고요?

Who, being loved, is poor?

– 오스카 와일드(Oscar Wilde, 아일랜드 시인/소설가)

달링, 당신은 내가 원하는 사랑의 전부입니다.

Darling, you are all I ever wanted love to be.

- 미상

나는 네가 나를 기다리는 그런 사람인 줄 몰랐어.
포기하지 않아줘서 고마워.

I never knew you were that someone waiting for me.
Thank you for never giving up.

- 미상

추억 속의 사람을 사랑하기는 쉽지만 눈앞에 있는
사람을 사랑하기는 어렵다.

It is easy to love people in memory; the hard thing is
to love them when they are there in front of you.

- 존 업다이크(John Updike, 미국 시인)

나는 당신을 결코 꽃을 피우지는 않지만
숨어 있는 꽃의 광채를 담고 있는 식물이라
생각하며 사랑합니다.

I love you as the plant that never blooms, but
carries in itself the light of hidden flowers.

– 파블로 네루다(Pablo Neruda, 칠레 시인)

나의 마지막 페이지까지 당신과 같이하고 싶습니다.

I want to be with you till my last page.

– A. R. 애셔(A. R. Asher, 미국 소설가)

당신은 내 꿈속의 사랑 같지만 사실 더 좋습니다.
당신은 실제이기 때문이지요.

You're like the love of my dreams but better.
You're real.

– 미상

내가 당신과 같이 있고 싶을 때는 딱 두 번입니다.
지금과 영원히.

There are only two times that I want to be with you
— now and forever.

- 미상

가장 좋은 사랑이 영혼을 깨우쳐서 우리를 더 멀리
인도하며, 우리의 가슴에 불을 붙여 마음에 평화를
가져옵니다. 그런 사랑을 당신에게 주고 싶습니다.

The best love is the kind that awakens the soul; that
makes us reach for more, that plants the fire in our hearts
and brings peace to our minds. That's what I hope to give
you forever.

- 니컬러스 스파크스(Nicholas Sparks, 미국 소설가)

처음 그녀에게 문자를 보냈을 때 답신을 받지 못했습니다.
그녀가 기절했거든요.

The first time I texted her, she didn't reply because she fainted.

- 미상

"당신을 더 사랑한다"는 말은 당신이 나를
사랑하는 것보다 내가 당신을 더 사랑한다는
의미가 아닙니다. 우리 앞에 놓인 나쁜 날보다 더
당신을 사랑하고, 우리 사이에 발생할 싸움보다
더 당신을 사랑하며, 우리 사이의 간격보다 더
당신을 사랑하고, 우리 사이에 끼어들 수 있는
어떤 장애보다 당신을 사랑한다는 의미입니다.
당신은 내가 가장 사랑하는 사람입니다.

When I say I love you more, I don't mean I love you
more than you love me. I mean I love you more
than the bad days ahead of us, I love you more
than any fight we will ever have. I love you more
than the distance between us, I love you more than
any obstacle that could try and come between us.
I love you the most.

– 메간 마저리(Megan Margery, 미국 작가)

당신을 사랑하면서 내가 그 어떤 사람도 진정으로 사랑하지
않았다는 것을 깨달았습니다. 그리고 내가 그 어떤 사람도
당신을 사랑한 것보다 진정으로 사랑할 수 없다는 것도
깨달았지요.

And when I loved you, I realized, I have never truly loved anyone.
I realized, I never will truly love anyone the way I loved you.
– 미상

나는 내가 표현할 수 없을 만큼 당신을 사랑합니다.

I love you more than I have ever found a way to say to you.
– 벤 폴즈(Ben Folds, 미국 싱어송라이터)

당신과 함께 세상의 모든 것을 했더라면 좋았을 텐데.

I wish I had done everything on earth with you.

– 프랜시스 스콧 피츠제럴드(Francis Scott Fitzgerald, 미국 소설가)

남자는 단 한 번만 사랑할 뿐이다.

Man loves only once.

– 독일 속담

당신이 백 살까지 산다면, 나는 백 살에서 하루가
모자라는 날까지 살고 싶습니다. 당신 없이는 살 수
없거든요.

If you live to be a hundred, I want to live to be a hundred
minus one day so I never have to live without you.

– 앨런 알렉산더 밀른(Alan Alexander Milne, 스코틀랜드 아동문학가)

날 원하지 않으면 내 감정을 건드리지 마.

If you don't want me, don't mess with my feelings.

– 미상

사랑은 남자의 삶에서는 하나의 에피소드에
불과하지만 여성에게는 한평생의 역사다.

Love, which is only an episode in the life of a man,
is the entire history of a woman's life.

– 제르맹 드 스탈(Germaine de Staël, 프랑스 소설가)

당신은 내 인생에서 필요한 사람입니다. 당신은 내
사람인걸요.

You are what I need in my life. You are my one.

– 미상

나는 달 너머로 당신을 사랑하고 별 너머로 당신을
그리워합니다.

I love you past the moon and miss you beyond the stars.

– 조나단 먼시 스톰(Jonathan Muncy Storm, 미국 작가)

내가 당신에게 "조심히 집에 돌아가세요",
"몸을 따뜻하게 하세요", "좋은 하루
보내세요", "잘 주무세요"라고 말할 때마다
사실은 당신을 사랑한다고 말하는 것으로
알아줬으면 좋겠습니다. 말을 돌려서 할 만큼
나는 당신을 끔찍하게 사랑하니까요.

I hope you know that every time I tell you to
get home safe, stay warm, have a good day, or
sleep well, what I am really saying is I love you.
I love you so damn much that it is starting to
steal other words' meanings.

– 미상

당신은, 그러니까, 기본적으로, 거의 항상 내 마음속에 있어요.

You're kinda, sorta, basically, pretty much always on my mind.

– 미상

내가 계획한 일은 아니지만, 당신은 내 삶에서
최고의 선물입니다.

I never planned it, but you are the best thing that has
ever happened to me.

– 미상

당신의 손은 내가 잡아야 할 유일한 손입니다.

Your hand is the only one I ever need to hold.

– 미상

당신을 생각하며 깨어 있습니다.
당신을 꿈꾸며 잠을 잡니다.
당신과 함께 있으면 내가 살아 있는 것 같습니다.

Thinking of you keeps me awake.
Dreaming of you keeps me asleep.
Being with you keeps me alive.

– 미상

당신은 내 마음, 내 삶, 내 유일한 생각입니다.

You are my heart, my life, my one and only thought.

– 아서 코난 도일(Arthur Conan Doyle, 영국 소설가/의사)

쉽지 않을 거예요. 몹시 어려운 일이 될 겁니다. 우리는 매일
노력해야 합니다. 내가 이 일을 하려는 이유는 당신을 원하기
때문이지요. 나는 당신의 모든 것을 원합니다. 당신과 나는
매일매일 영원토록 같이 있어야 하지요.

So it's not gonna be easy. It's gonna be really hard. We're gonna
have to work at this every day, but I want to do that because
I want you. I want all of you, forever, you and me, every day.

– 니컬러스 스파크스(Nicholas Sparks, 미국 소설가)

내가 감히 미소를 지을 수 없을 때도 항상
웃게 해주는 당신께 감사합니다.

Thank you for always making me laugh even when
I cannot even dare to give a smile.

– 미상

마음에는 이성(理性)이 알지 못하는 이유가 존재한다.

The heart has its reasons which reason knows not.

- 블레즈 파스칼(Blaise Pascal, 프랑스 수학자/철학자)

내 마음을 따를 때 나는 당신에게 인도됩니다.

When I follow my heart, it leads me to you.

- 미상

나를 위해 싸워주세요. 그럼 나도 당신을 위해 싸울 것을
약속하겠습니다.

Fight for me and I promise that I will do the same for you.

- 미상

나는 당신을 생각할 때 느끼는 방식에 중독돼 있어요.

I'm addicted to the way I feel when I think of you.

– 미상

솔직히 나는 당신이 행복한 것을 볼 때만 행복합니다. 그게
내가 당신을 사랑하는 방법인 것 같습니다.

In all honesty, I am only happy when I see that you are happy.
I guess that's how I love you.

– 미상

당신을 백 번이나 봤지만, 지금도 볼 때마다 가슴이 설렙니다.

Even though I have seen you a hundred times, I still get butterflies
each time I see you.

– 미상

내가 당신을 선택한 것이 아니라, 내 심장이 선택했답니다.

I didn't choose you, my heart did.

– 미상

사랑을 고백할 땐 낮은 목소리로.

Speak low, if you speak love.

– 윌리엄 셰익스피어(William Shakespeare, 영국 극작가)

내가 당신을 사랑하는 이유는 당신 때문이 아니라
당신과 함께 있을 때 변하는 나 자신 때문입니다.

I love you, not just because of who you are but for what
I have become when I am with you.

– 미상

당신을 사랑하는 것은 숨 쉬는 것과 같습니다. 그러니 어떻게
중단할 수 있겠어요….

Loving you, is like breathing… how can I stop….

– 미상

당신을 대체할 사람을 찾을 수 없습니다. 당신 같은 이가 없기 때문이죠.

I can't replace you because there is no one like you.

– 미상

난 한순간도 의심하지 않았습니다. 당신을 사랑합니다. 당신을 전적으로 신뢰하고요. 당신은 나의 가장 소중한 사람이자 내가 살아가는 이유입니다.

I've never had a moment's doubt. I love you. I believe in you completely. You are my dearest one. My reason for life.

– 이언 매큐언(Ian McEwan, 영국 소설가)

당신은 내 기쁨의 근원, 내 세상의 중심, 내 마음의 전부입니다.

You are the source of my joy, the center of my world and the whole of my heart.

– 미상

당신의 사랑은 내가 완전함을 느끼는 데 필요한 전부다.

Your love is all I need to feel complete.

– 미상

지구가 끝날 때까지 혼자 살아남느니 차라리 당신과
한평생만 살렵니다.

I would rather spend one lifetime with you, than face all the
ages of this world alone.

– J. R. R. 톨킨(J. R. R. Tolkien, 영국 작가)

당신은 나에게 첫 번째 사람이 아니라 유일한 사람입니다.

You're not my number one, you're my only one.

– 미상

당신을 사랑합니다. 당신과 함께 있으면 마음이
편안해집니다. 집에 온 것 같거든요.

I love you. I am at rest with you. I have come home.

– 도로시 세이어즈(Dorothy Sayers, 영국 소설가)

나는 나 자신을 많이 사랑할 수 없습니다. 그래서 당신이
나를 사랑해줘야 합니다.

I cannot love myself so much and this is why I need you to love
me.

– 미상

나는 결함을 좋아해요. 결함 때문에 만사가 재미있거든요.

I like flaws. I think they make things interesting.

– 사라 데센(Sarah Dessen, 미국 소설가)

오늘도, 내일도 그리고 항상 당신 생각을 멈출 수 없습니다.

I can't stop thinking about you, today, tomorrow, always.

– 미상

사랑은 전쟁과 같다. 시작하기는 쉬워도 멈추기는
매우 어렵다.

Love is like war: easy to begin but very hard to stop.

– 헨리 루이스 멩켄(Henry Louis Mencken, 미국 문예비평가)

당신과 도망치고 싶습니다. 오직 당신과 나만 있는 곳으로.

I want to run away with you. In a place where there is no one but only me and you.

– 미상

언젠가 당신은 나에게 내 삶이 중요한지, 아니면 당신의 삶이 중요한지 물을 것입니다. 그러면 난 내 삶이 중요하다고 대답할 것이고, 그 말을 들은 당신은 내 곁을 떠날 것입니다. 당신이 바로 내 삶인 것을 알지 못하고 말입니다.

One day you will ask me which is more important — my life or yours? I will say mine and you will walk away not knowing that you are my life.

– 칼릴 지브란(Kahlil Gibran, 레바논 철학자/소설가/시인)

누군가가 나를 버리게 해서 당신이 나를 안아주고 사랑하게
해주신 하나님에게 감사드립니다.

Thank God someone threw me away so you could pick me up
and love me.

– 미상

난 너를 달에 갔다가 돌아온 거리만큼 사랑해.

I love you right up to the moon — and back.

– 샘 맥브래트니(Sam McBratney, 아일랜드 작가)

당신이 있어서 하루하루가 정말 감사해요.

Each and every single day, I am truly grateful for having you.

– 미상

할 수만 있다면 시간을 되돌리고 싶습니다. 그럼 당신을 더 빨리 발견해서 오래 사랑할 수 있으니까요.

I wish I could turn back the clock. I'd find you sooner and love you longer.

– 미상

당신은 사랑에 빠진 나를 보고 미소를 지었지요. 당신은 그 사실을 알고 있었던 거예요.

When I saw you I fell in love, and you smiled because you knew.

– 아리고 보이토(Arrigo Boito, 이탈리아 작곡가 / 대본작가)

별들이 모두 사라지고 밀려온 바닷물이 더 이상 돌아가지 않을 때까지 당신을 사랑할 겁니다.

I will love you until all the stars go out and the tides will no longer turn.

– 미상

사랑의 운명은 항상 너무 적거나 너무 많아 보인다는 것이다.

The fate of love is that it always seems too little or too much.

– 아멜리아 에디스 허들스턴 바(Amelia Edith Huddleston Barr, 미국 소설가)

사랑은 너무 짧지만 잊는 데는 오래 걸린다.

Love is so short, forgetting is so long.

– 파블로 네루다(Pablo Neruda, 칠레 시인)

당신은 나의 숨결, 나의 사랑, 나의 삶 그 자체입니다.

You are my breath, my love, my very life.

– 미상

당신을 만나지 않았다면 누군가에게 바보같이 웃는 기분이 어떤지 몰랐을 거야. 사랑해.

I never know how it feels to laugh stupidly at someone right before I met you, I love you.

– 미상

당신은 내 귀가 아닌 내 마음에 속삭였습니다. 당신은 내 입술이 아니라 내 영혼에 키스한 것입니다.

For it was not into my ear you whispered, but into my heart. It was not my lips you kissed, but my soul.

– 주디 갈런드(Judy Garland, 미국 영화배우)

당신과의 거리는 문제가 되지 않습니다. 결국엔 당신이 내 사람이 될 것을 알고 있기 때문이지요.

Distance is never an issue, because in the end, I know I have you.

– 미상

나는 당신을 내 목숨보다 더 사랑합니다.

I love you more than my own skin.

– 프리다 칼로(Frida Kahlo, 멕시코 화가)

오늘 아무 이유 없이 웃고 있는 나 자신을 발견했어….

그러다가 내가 너에 대해 생각하고 있다는 걸 깨달았지.

Today I caught myself smiling for no reason… then I realized I was
thinking about you.

– 미상

그는 나에게 모든 것입니다. 그는 나에게 완벽한 사람입니다.

하지만 무엇보다 가장 좋은 점은… 그가 나를 사랑한다는

것입니다.

He's everything to me. He's perfect for me. But the best part of
all… is that he loves me.

– 미상

그의 부탁이라면 난 지옥까지라도 그를 따라갔을
겁니다. 네, 분명 그랬을 겁니다.

I would have followed him to hell, if he asked me, and
maybe I did.

– 미상

글을 쓸 수 있는 공간이 이제 1페이지만
남았습니다. 난 한 번에 소리 낼 수 있는
문장만으로 공간을 메꿀 것입니다. 그건
"사랑해", "사랑했어", "사랑할 거야"입니다.

There is only one page left to write on.
I will fill it with words of only one syllable.
I love. I have loved. I will love.
– 도디 스미스(Dodie Smith, 영국 작가)

사랑에 빠졌다고 중력을 탓해선 안 된다.

You can't blame gravity for falling in love.

– 알베르트 아인슈타인(Albert Einstein, 미국 물리학자)

판단을 많이 하면 할수록 그만큼 덜 사랑하게 된다.

The more one judges, the less one loves.

– 오노레 드 발자크(Honoré de Balzac, 프랑스 작가)

당신은 나의 노래, 사랑의 노래입니다.

You are my song. You are my song of love.

– 미상

당신에게 필요한 것은 사랑뿐입니다. 그렇다고 간혹
약간의 초콜릿을 찾지 말라는 의미는 아닙니다.

All you need is love. But a little chocolate now and
then doesn't hurt.

– 찰스 슐츠(Charles Schulz, 미국 만화가)

내 인생 전부는 나의 반쪽을 찾기 위해 기다리는 퍼즐 조각이었어. 내 반쪽이 되어 나를 하나로 완성해줘서 고마워.

My whole life I was a puzzle piece waiting to find its other half. Thank you for being my other half and completing me.

– 미상

폭풍 구름이 몰려들고 별들이 충돌해도 나는 세상이 끝날 때까지 당신을 사랑합니다.

Storm clouds may gather and stars may collide, but I love you until the end of time.

– 영화 〈물랑 루즈(Moulin Rouge)〉에서

나와 함께 이 삶의 여정을 함께해주셔서 감사합니다. 당신 외에는 내 옆에 있고 싶어 하는 사람이 없습니다.

Thank you for going on this journey through life with me. There is nobody else I would rather have by my side.

– 미상

나는 사랑에 집착하기로 했습니다. 증오는 감당할 수 없을
만큼 무거운 짐이기 때문입니다.

I have decided to stick to love; hate is too great a burden to bear.

– 마틴 루터 킹 2세(Martin Luther King, Jr., 미국 인권운동가)

당신은 내가 만난 사람 중에서 가장 곱고, 가장 사랑스럽고,
가장 부드럽고, 가장 아름다운 여인입니다. 사실 이것도
제대로 표현하지 못한 겁니다.

You are the finest, loveliest, tenderest, and most beautiful person I
have ever known — and even that is an understatement.

– 프랜시스 스콧 피츠제럴드(Francis Scott Fitzgerald, 미국 소설가)

심장이 박동을 필요로 하듯 나는 당신이 필요합니다.

I need you like a heart needs a beat.

– 미상

키스, 키스해주세요, 마지막인 것처럼요.

Kiss me. Kiss me as if it were the last time.

– 영화 〈카사블랑카(Casablanca)〉에서

우리는 우연히 사랑에 빠지고, 선택에 의해
사랑에 머무릅니다.

We fall in love by chance, we stay in love by choice.

– 미상

사랑 없이 사는 것은 진짜 사는 것이 아니다.

To live without loving is not really to live.

– 몰리에르(Molière, 프랑스 극작가)

자, 내 마음속에 들어와 사세요. 방세 낼 필요도
없답니다.

Come, live in my heart and pay no rent.

– 사무엘 러버(Samuel Lover, 아일랜드 작곡가/소설가)

하나의 사랑, 하나의 심장, 하나의 운명.

One love, one heart, one destiny.

- 미상

06
사랑의 유익과 태도

로렐라이

이유를 모르겠지만
나는 비애로 가득 찬 생각을 하고 있습니다.
지나간 세월의 한 이야기가
나를 괴롭히며 떠나지 않고 있습니다.

공기는 차갑고 날은 어두운데
라인강은 고요히 흘러갑니다.
화창한 저녁 햇살에 산봉우리가 반짝입니다.
그리고 저쪽엔 가장 아름다운 처녀가 앉아 있습니다.
금빛으로 휘황찬란한 옷을 입은 그녀가
금빛 머리를 빗질합니다.
금 빗으로 빗질을 합니다.
그리고 그녀는 열광적으로 노래를 부릅니다.
경이롭고 힘찬 멜로디로 가슴을 녹이는 노래입니다.

배 젓는 사공은 자신의 가슴에 들어찬
알 수 없는 그리움을 느껴
자신 앞에 펼쳐진 바다를 보지 않고
하늘만 쳐다봅니다.
라인강의 깊은 물은 배와 사공을 삼키고 나서도 흘러갑니다.
그녀가 부른 마법의 노래
로렐라이가 이렇게 끝납니다.

The Lore-Lei

I know not whence it rises,
This thought so full of woe;
But a tale of times departed
Haunts me, and will not go.

The air is cool, and it darkens,
And calmly flows the Rhine,
The mountain-peaks are sparkling
In the sunny evening-shine.
And yonder sits a maiden,
The fairest of the fair;
With gold is her garment glittering,
And she combs her golden hair:
With a golden comb she combs it;
And a wild song singeth she,
That melts the heart with a wondrous
And powerful melody.

The boatman feels his bosom
With a nameless longing move;
He sees not the gulfs before him,
His gaze is fixed above,
Till over boat and boatman
The Rhine's deep waters run:
And this, with her magic singing,
The Lore-lei has done!

하인리히 하이네(Heinrich Heine, 독일 시인)

내가 나무라면 인간을 사랑할 이유가 없을 것이다.

If I were a tree, I would have no reason to love a human.

– 매기 스티바터(Maggie Stiefvater, 미국 소설가)

사랑은 결코 헛되지 않다. 사랑은 상응하는 보상을 받지
못하더라도 되돌아와 마음을 정화시켜준다.

Love is never lost. If not reciprocated, it will flow back and soften
and purify the heart.

– 워싱턴 어빙(Washington Irving, 미국 수필가)

여자는 사랑하는 남자가 준 꽃다발이 시들어도 버리지
않는다. 물건의 가치가 중요한 것이 아니라 그 물건에
담긴 사랑이 중요하기 때문이다.

A woman will not throw away a garland, though soiled,
which her lover gave: not in the object lies a present's
worth, but in the love which it was meant to mark.

– 바라비(Bhāravi, 6세기 산스크리트 시인)

사랑에는 많은 비용이 들 수 있지만 사랑하지 않는 데는 항상 더 많은 비용이 듭니다. 사랑하기를 두려워하는 사람들은 사랑의 결핍이 삶에서 즐거움을 빼앗아가는 공허함이라는 것을 알게 되지요.

Loving can cost a lot but not loving always costs more, and those who fear to love often find that want of love is an emptiness that robs the joy from life.

– 멀 샨(Merle Shan, 미국 작가)

조건이 완벽히 맞아떨어지는 사랑은 매력이 없다.

When love is satisfied all the charm of it is gone.

– 피에르 코르네유(Pierre Corneille, 프랑스 작가/시인)

모든 사람이 사랑을 소중하게 생각하는 이유는 사랑이 나쁜 것이 아니라 좋은 점을 바라보기 때문이다.

All men honour love, because it looks up, and not down.

– 랠프 왈도 에머슨(Ralph Waldo Emerson, 미국 사상가)

🌿

내가 당신을 사랑하고 소중히 여기지 않는다면 나는 당신을
가질 자격이 없게 될 것입니다.

If I don't adore and cherish you, then I surely don't deserve you.
- 미상

🌿

사랑해서는 결코 손해를 보지 않는다. 사랑을 자제하기
때문에 손해를 보는 것이다.

You never lose by loving. You always lose by holding back.
- 미상

🌿

사랑은 즐거울 때도 괴로울 때도 유익하다.

Love is most fruitful both of honey and gall.
- 티투스 마키우스 플라우투스(Titus Maccius Plautus, 고대 로마 희극작가)

사랑은 불멸이기 때문에 사랑받는 사람은 죽지 않는다.

Unable are the loved to die, for love is immortality.

– 에밀리 디킨슨(Emily Dickinson, 미국 시인)

사랑을 소중하게 여기지 않는 사람에게 사랑을
낭비하지 말라.

Don't waste your love on somebody, who doesn't value it.

– 윌리엄 셰익스피어(William Shakespeare, 영국 극작가)

사랑은 그 자체로 존재하는 에너지이자 가치다.

Love is an energy which exists of itself. It is its own value.

– 손턴 와일더(Thornton Wilder, 미국 소설가)

사랑은 인생이다. 따라서 사랑을 놓치면 인생을 놓치게 된다.

Love is life. Thus, if you miss love, then you miss life.

– 미상

내가 당신을 사랑하게 된 것은 당신이 인식하지 못하는
아주 작은 것들 때문입니다.

I have fallen for you because of all those little things you are
never aware of.

- 미상

개인적으로, 나는 위대한 러브스토리를 사랑합니다.

Personally, I love a great love story.

- 메건 마클(Meghan Markle, 전 미국 배우/영국 해리 왕자의 부인)

만일 당신이 도서관에서 빌린 책이라면 나는 결코 그 책을
반환하지 않을 겁니다.

If you are a book I borrowed from the library, then I would
never give it back.

- 미상

남자가 어떤 고통을 겪는다고 해도 그에게 사랑하는
자녀가 있는 경우 불쌍한 사람이라고 불러선 안 된다.

Call not that man wretched who, whatever ills
he suffers, has a child he loves.

– 로버트 사우디(Robert Southey, 영국 시인/작가)

한 단어가 우리를 삶의 무게와 고통에서
벗어나게 한다. '사랑'이 바로 그 단어다.

One word frees us of all the weight and
pain of life: That word is love.

– 소포클레스(Sophocles, 고대 그리스 비극시인)

세상에서는 당신이 단 한 사람에 불과하지만,
누군가에겐 당신이 세상입니다.

To the world you may be one person,
but to one person you are the world.

– 빌 윌슨(Bill Wilson, 미국 저술가)

우리는 우리가 사랑하는 사람들에 의해
만들어지고 다듬어진다.

We are shaped and fashioned by those we love.
– 요한 볼프강 폰 괴테(Johann Wolfgang von Goethe, 독일 작가)

당신을 발견했기에 나에겐 낙원이 필요치 않습니다.
내 곁에 당신이 있으니 나에겐 꿈도 필요 없습니다.

I don't need paradise because I found you. I don't
need dreams because I already have you.
– 미상

사랑에 빠지는 것은 아주 간단하지만, 사랑에서
벗어나는 것은 너무나 끔찍하다.

To fall in love is awfully simple, but to fall out of love
is simply awful.
– 베스 마이어슨(Bess Myerson, 미국 영화배우)

사랑이 없는 삶은 꽃이나 열매가 없는 나무와 같다.

Life without love is like a tree without blossoms or fruit.

– 칼릴 지브란(Kahlil Gibran, 레바논 철학자 / 소설가 / 시인)

"사랑해"라는 단순한 말에는 돈보다 중요한 의미가 담겨 있다.

A simple 'I love you' means more than money.

– 프랭크 시나트라(Frank Sinatra, 미국 가수 / 영화배우)

첫째로 좋은 것은 사랑에 빠지는 것이고, 둘째로 좋은 것은 사랑하는 상태에 있는 것이고, 가장 덜 좋은 것은 사랑에서 빠져나오는 것이다. 이중 어떤 것도 사랑을 한 번도 해보지 못한 것보다는 낫다.

First best is falling in love. Second best is being in love. Least best is falling out of love. But any of it is better than never having been in love.

– 마야 안젤루(Maya Angelou, 미국 시인 / 소설가)

인생은 게임이고 진정한 사랑은 트로피다.

Life is a game and true love is a trophy.

– 루퍼스 웨인라이트(Rufus Wainwright, 미국 가수)

내가 사랑했기 때문에 인생이 사랑스럽고, 사랑했기
때문에 내가 살았다는 것을 알았다.

Only since I loved is life lovely; only since I loved knew I that
I lived.

– 테오도르 쾨르너(Theodor Körner, 독일 시인)

아름다운 여인의 몸은 너무 정교해서 사랑을 위해
만들어졌다고 볼 수 없다.

The body of a beautiful woman is not made for love; it is
too exquisite.

– 앙리 드 툴루즈 로트레크(Henri de Toulouse-Lautrec, 프랑스 화가)

진실한 사랑은 좋은 포도주와 같아서 오래될수록 좋다.

True love is like a fine wine, the older the better.

– 미상

숭고한 사랑은 신성한 꽃이다. 일찍 싹이 나면 행복이고
만개하면 천국이다.

Divine love is a sacred flower, which in its early bud is happiness,
and in its full bloom is heaven.

– 토머스 키블 허비(Thomas Kibble Hervey, 스코틀랜드 시인)

사랑은 돈 주고 살 수 없는 것으로 애정엔 대가가 없다.

Love is not to be purchased, and affection has no price.

– 히에로니무스(Eusebius Hieronymus, 고대 로마 성서학자)

사랑은 모든 것을 성취한다.

Love accomplishes all things.

– 프란체스코 페트라르카(Francesco Petrarca, 이탈리아 시인)

사랑은 가장 좋은 것을 더 좋게 한다. 지상에서
그러할진대 하늘에선 말해서 무엇 하랴.

Love betters what is best, Even here below, but more in
heaven above.

– 윌리엄 워즈워스(William Wordsworth, 영국 시인)

영원한 사랑이 나를 만들었다.

Eternal love made me.

– 단테 알리기에리(Dante Alighieri, 이탈리아 시인)

하나님의 본성인 사랑은 변덕스러운 것이 아니라 인간의
모든 가치를 대변한다.

Love, which is the essence of God, is not for levity, but for
the total worth of man.

– 랄프 왈도 에머슨(Ralph Waldo Emerson, 미국 사상가)

사랑은 인생의 끝이지만, 절대 끝나지 않는 끝이다.
사랑은 삶의 재산으로서 결코 고갈되지 않고
영원히 소비된다. 사랑의 인생은 보상을 받지만,
사랑하기 때문에 받는 보상이다.

Love is life's end, but never ending. Love is life's
wealth; ne'er spent, but ever spending. Love's life's
reward, rewarded in rewarding.

– 허버트 스펜서(Herbert Spenser, 영국 철학자)

사랑은 자연 속 어디에서나 존재하는 동기와 포상이다.

Love is omnipresent in nature as motive and reward.

– 랄프 왈도 에머슨(Ralph Waldo Emerson, 미국 사상가)

사랑은 하나님이 우리에게 주실 수 있는 가장
위대한 것이면서, 우리가 하나님께 드릴 수 있는
가장 위대한 것이기도 하다.

Love is the greatest thing that God can give us, and
it is the greatest we can give God.

- 제레미 테일러(Jeremy Taylor, 영국 성직자/작가)

사랑은 이기심으로 시작돼 이기심으로 끝을
맺는다는 점에서 헛된 것이다.

Love is vanity, selfish in its beginning as its end.

- 조지 고든 바이런(George Gordon Byron, 영국 시인)

당신과 함께한 그 작은 순간들이 나에게 얼마나
중요한지 알았더라면.

If you only knew how much those little moments
with you mattered to me.

- 미상

당신은 내 기도에 대한 응답입니다. 당신은 노래요, 꿈이요, 속삭임입니다. 내가 당신 없이 어떻게 지금까지 살아남을 수 있었는지 모르겠습니다.

You are the answer to every prayer I've offered. You are a song, a dream, a whisper, and I don't know how I could have lived without you for as long as I have.

– 니컬러스 스파크스(Nicholas Sparks, 미국 소설가)

당신을 사랑함으로써 하루하루가 흥미롭습니다.

Being in love with you makes every day an interesting one.

– 미상

최고로 기분 좋은 순간은 내가 당신을 보았는데 당신이 이미 나를 응시하고 있을 때입니다.

The best feeling is when I look at you and you are already staring.

– 미상

사랑은 지배하지 않고 배양한다.

Love does not dominate; it cultivates.

– 요한 볼프강 폰 괴테(Johann Wolfgang von Goethe, 독일 작가)

불에 부채질하는 것과 강요된 사랑은 끝이 좋지 않다.

Fanned fires and forced love ne'er did weel.

– 스코틀랜드 속담

누군가가 당신의 심장을 부서뜨렸는데도 당신이 그 조각들을 끌어안고 그들을 여전히 사랑한다는 것은 경이로운 현상이다.

It's amazing how someone can break your heart and you can still love them with all the little pieces.

– 엘라 하퍼(Ella Harper, 미국 작가)

※ 엘라 하퍼는 무릎이 뒤로 구부러진 선천성 다리 장애를 갖고 태어나 낙타처럼 기어 다녀 '낙타 소녀'라는 별명이 붙었다.

>
>
> 사랑하는 사람이 "당신에게 무슨 일이 일어나더라도 당신이 내게 오는 것을 환영합니다" 하고 말한다면, 그를 대체할 연인은 없다.
>
> There's no substitute for a great love who says, 'No matter what's wrong with you, you're welcome at this table.'
>
> – 톰 행크스(Tom Hanks, 미국 영화배우)

당신에게 시선을 돌리면 눈앞에 나의 여생이 펼쳐진답니다.

I look at you and see the rest of my life in front of my eyes.

– 미상

사랑엔 노골적인 힘이 아니라 전략으로 접근해야 한다.

Love must be taken by stratagem, not by open force.

– 올리버 골드스미스(Oliver Goldsmith, 영국 소설가)

사랑은 눈물로 방부 처리를 할 때 가장 사랑스럽다.

Love is loveliest when embalmed in tears.

– 월터 스콧(Walter Scott, 영국 시인)

사랑은 공포와 같이하지 않는다.

Love is incompatible with fear.

– 푸블리우스 시루스(Publius Syrus, 고대 로마 시인/작가)

완전한 사랑은 예배를 드리는 것 같아서 화를 내선 안 된다.

Entire love is a worship and cannot be angry.

– 리 헌트(Leigh Hunt, 영국 시인/평론가)

사랑은 사실 순수하지 않으면 결코 깊어질 수 없다.

Love, in fact, can never be deep unless it is pure.

– 미상

겸손하고 소박하게 처신하고, 미덕과 악덕 사이에
무엇이 있든 무관심하게 대하라. 인류를 사랑하라.
하나님께 복종하라.

Be modest and simple in your deportment, and treat
with indifference whatever lies between virtue and vice.
Love the human race; obey God.

– 마르쿠스 아우렐리우스(Marcus Aurelius, 고대 로마 황제)

당신을 다른 사람들과 다름없이 대하는 사람은
사랑하지 마십시오.

Never love anyone who treats you like you're ordinary.

– 미상

당신이 내 손을 잡는 시간은 잠시지만, 내 마음을
붙들고 있는 시간은 영원합니다.

You may hold my hand for a while, but you hold my
heart forever.

– 미상

당신이 원하는 만큼 오래 살고 원하는 만큼 사랑하길.

May you live as long as you wish and love as
long as you live.

- 로버트 A. 하인라인(Robert A. Heinlein, 미국 작가)

나의 심장 박동 하나하나로 당신을 사랑합니다.

I love you with every beat of my heart.

- 미상

당신은 나의 전부입니다.

You're nothing short of my everything.

– 미상

나는 그녀와 같이 있었을 때 그녀를 사랑하게 되었습니다.

그러다가 그녀와 떨어져 있던 세월 동안에는 그녀를 더 깊이

사랑했지요.

I fell in love with her when we were together, then fell deeper
in love with her in the years we were apart.

– 니컬러스 스파크스(Nicholas Sparks, 미국 소설가)

내가 가장 좋아하는 장소는 너와 함께 있는 바로 그곳이야.

네가 어디에 있든 바로 그곳이 내가 있고 싶어 하는 곳이지.

My favorite place to be is together with you. Wherever you are
is where I want to be.

– 미상

🌿

그 어떤 것도 당신을 대신할 수 없습니다!

Nothing can replace you!

– 미상

🌿

그가 세상을 떠나면 부드럽고, 아름답고, 밝았던 모든 것들이
그와 함께 땅에 묻히겠지요.

When he died, all things soft and beautiful and bright would be
buried with him.

– 매들린 밀러(Madeline Miller, 미국 소설가)

🌿

우리는 우리에게 어울린다고 생각하는 사랑을 받아들인다.

We accept the love we think we deserve.

– 스티븐 크보스키(Stephen Chbosky, 미국 영화감독/시나리오작가)

눈으로만 사랑하는 사람만 이별한다. 마음으로 영혼으로
사랑하는 사람에겐 이별 같은 것이 없다.

Goodbyes are only for those who love with their eyes. Because
for those who love with heart and soul there is no such thing as
separation.

– 루미(Rumi, 페르시아 시인/이슬람법학자)

나는 당신과 같은 사람이 필요한 것이 아니라
바로 당신이 필요합니다.

I don't want someone like you, I want you.

– 미상

내 마음속에 들어와 살면서 절대로 떠나지 마십시오.

Come live in my heart and never leave.

– 미상

존경하면 찬양하지만, 사랑하면 벙어리가 된다.

Admiration praises, love is dumb.

– 루트비히 뵈르네(Ludwig Börne, 독일 작가/저널리스트)

사람들이 그에게 "요즘 어떻게 지내세요?" 하고 물으면
그는 미소를 지으며 이렇게 대답합니다. "그녀는 잘 있어요."

They asked him, "How's your life?" He smiled and answered,
"She is fine."

– 미상

당신의 미소가 내 마음을 정복합니다.

Your smile conquers my heart.

– 미상

고귀한 마음을 가지면 사랑을 빨리 터득한다.

Love is quickly learned by a noble heart.

– 단테 알리기에리(Dante Alighieri, 이탈리아 시인)

사랑하면서 현명해지는 것은 불가능하다.

It is impossible to love and to be wise.

– 프랜시스 베이컨(Francis Bacon, 영국 철학자)

나는 데이트하는 남자에게 "전에 사귀었던 여자는
돌았어요!"라는 말을 들으면 그와 헤어집니다.
왜냐하면 여자는 농락당하면서 거짓말을 들을 때
분노가 치밀어 오르거든요.

Everytime a man I date says "My ex is crazy!"··· I walk
away. Because woman only become crazy, when they're
manipulated and lied too.

– 케이트 엘리자베스 러셀(Kate Elizabeth Russell, 미국 소설가)

그날 오후 그는 환상에 대한 무한 능력을
발휘해서 그런 차가운 무관심이 사랑의
괴로움을 감추기 위한 속임수가 아닌지
자문해보았다.

But that afternoon he asked himself, with his
infinite capacity for illusion, if such pitiless
indifference might not be a subterfuge for
hiding the torments of love.
- 가브리엘 가르시아 마르케스(Gabriel García Márquez,
  콜롬비아 작가)

누군가를 사랑한다면 끝까지 사랑하십시오. 그 사랑을
되돌려받을 생각을 하지 않는다면 그 사랑은 진짜 사랑이
됩니다. 그 외의 사랑은 너무 고통스럽습니다.

Because, if you could love someone, and keep loving them,
without being loved back… then that love had to be real. It hurt
too much to be anything else.

– 사라 크로스(Sarah Cross, 미국 작가)

당신 때문에 나는 조금 더 웃고, 조금 덜 울고, 훨씬 더 많이
미소를 짓는답니다.

Because of you, I laugh a little harder, cry a little less, and smile
a lot more.

– 미상

여자는 논리를 마음에 담고
남자는 논리를 머리에 담는다.

Women carry their logic in their hearts;
men, in their heads.

– 아우구스트 폰 코체부(August von Kotzebue, 독일 극작가)

07
사랑의 아픔과 현실

굿바이, 마이 프렌드, 굿바이

굿바이, 마이 프렌드, 굿바이.
내 사랑, 당신은 내 마음에 있다오.
우리가 헤어지고 다시 만나는 것은 운명입니다.

굿바이… 참고 기다리자는 뜻으론 악수하지 맙시다.
슬퍼하지 말고 미간도 찌푸리지 맙시다.
사는 것이 새로운 것이 아니지만
지금 죽는다고 해서 새로운 것이 생기는 것도 아닙니다.

Goodbye, my friend, goodbye

Goodbye, my friend, goodbye
My love, you are in my heart.
It was preordained we should part
And be reunited by and by.

Goodbye: no handshake to endure.
Let's have no sadness — furrowed brow.
There's nothing new in dying now
Though living is no newer.

세르게이 예세닌(Sergei Esenin, 러시아 시인)

깊게 사랑하면 큰 상처를 받을 것이다. 그래도 그 사랑은
가치가 있다.

If you love deeply, you're going to get hurt badly. But it's still
worth it.

– C. S. 루이스(Clive Staples Lewis, 영국 작가)

사랑. 내가 이 단어를 싫어하는 이유는 당신이
이해할 수 없을 정도로 나에게 지나친 부담이 되기
때문이랍니다.

Love. The reason I dislike that word is that it means too
much for me, far more than you can understand.

– 톨스토이의 소설 《안나 카네리나(Anna Karenina)》에서

진정한 사랑의 행로는 순탄하지 않다.

The course of true love never did run smooth.

– 윌리엄 셰익스피어(William Shakespeare, 영국 극작가)

사람들이 당신을 사랑하면 달콤하기는 하지만 지칩니다.
특히 당신의 감정이 그들과 같지 않을 때 그렇습니다.

It's delicious to have people adore you, but it's exhausting, too.
Particularly when your own feelings don't match theirs.

– 타샤 알렉산더(Tasha Alexander, 미국 소설가)

오직 세 가지만 무한하지요. 별 속의 하늘, 물방울
속의 바다 그리고 눈물 속의 마음.

Only three things are infinite: the sky in its stars,
the sea in its drops of water, and the heart in its tears.

– 귀스타브 플로베르(Gustave Flaubert, 프랑스 작가)

그녀는 자신이 불 속에서 타고 있으면서도 자신 때문에
사랑하는 사람이 비탄에 빠진 것을 좋아한다.

Though she is aflame herself, she delights in the torments of her
lover.

– 유베날리스(Decimus Junius Juvenalis, 고대 로마 시인)

사랑에서 가장 서글픈 것은 사랑은 영원히 지속하지 않으면서
그로 인한 마음의 상처는 곧 잊힌다는 것이다.

The saddest thing about love, Joe, is that not only the love cannot
last forever, but even the heartbreak is soon forgotten.

– 윌리엄 포크너(William Faulkner, 미국 작가)

사랑이나 증오에 빠진 여자는 무엇이든 한다.

A woman, when she either loves or hates,
will dare anything.

– 미상

사랑에 빠진 여자는 사람을 판단하는 능력이
형편없다.

A woman in love is a very poor judge of character.

– 조시아 홀랜드(Josiah Holland, 미국 소설가)

미녀가 흘리는 눈물은 그녀가 짓는 미소보다
사랑스럽다.

Beauty's tears are lovelier than her smile.

– 토머스 캠벨(Thomas Campbell, 스코틀랜드 시인)

적당히 건전한 사랑이 좋다. 미친 듯이 사랑하는
것은 좋지 않다.

It is good to be moderately sane in love; to be madly
in love is not good.

– 플라우투스(Titus Maccius Plautus, 고대 로마 희극작가)

다투지 않고 사랑할 수 있을까?

Could we forbear dispute and practise love?

– 에드먼드 월러(Edmund Waller, 영국 시인)

사랑은 틀린 적이 없다.

Love is never wrong.

– 멜리사 에서리지(Melissa Etheridge, 미국 가수)

사랑의 선물은 일방적으로 줄 수 없고,
받아들여지기를 고대할 뿐이다.

Love's gift cannot be given, it waits to be accepted.

– 라빈드라나트 타고르(Rabindranath Tagore, 인도 작가)

꽃이 햇빛을 받지 못하면 피지 못하는 것처럼 사람은 사랑 없이 살 수 없다.

A flower cannot blossom without sunshine, and man cannot live without love.

– 막스 뮐러(Max Müller, 독일 철학자)

난 착한 여자지만, 그렇다고 천사는 아니에요. 난 죄를 짓지만, 그렇다고 악마도 아니랍니다. 난 그저 나를 사랑해줄 사람을 찾는, 넓은 세상 속의 작은 소녀에 불과하답니다.

I am good, but not an angel. I do sin, but I am not the devil. I am just a small girl in a big world trying to find someone to love.

– 마릴린 먼로(Marilyn Monroe, 미국 영화배우)

사랑은 함정이다. 사랑이 나타나면 우리는 그 그림자가 아닌 빛만 볼 뿐이다.

Love is a trap. When it appears, we see only its light, not its shadows.

– 파울로 코엘료(Paulo Coehlo, 브라질 소설가)

내가 숨 쉬는 것은 당신 때문입니다. 하지만 당신은 가끔 나를 숨 막히게 합니다.

You're the reason why I'm breathing, yet sometimes you just take my breath away.

– 미상

인간의 마음은 이상한 그릇이다. 사랑과 증오가 함께 존재할 수 있다.

The human heart is a strange vessel. Love and hatred can exist side by side.

– 스콧 웨스터펠드(Scott Westerfeld, 미국 소설가)

당신은 내 마음을 아프게 했지만 그래도 당신을 사랑합니다.

You hurt me but I still love you.

– 미상

사랑은 당신이 느끼는
어떤 고통보다 더 고통스럽다.

Love harder than any pain you've
ever felt.

– 미상

당신을 사랑하는 것은 나의 가장 큰
약점이자 가장 큰 장점이다.

Loving you is both my biggest
weakness and greatest strength.

– 미상

나는 사랑에 빠지는 것을
두려워하지 않는다. 또다시 엉뚱한
사람에게 빠질 것을 두려워할 뿐이다.

I'm never afraid to fall in love. I am just
afraid to fall for the wrong person again.

– 미상

당신을 생각하기는 쉽습니다. 그래서 나는 매일 당신을
생각합니다. 당신을 그리워하는 것은 번민입니다. 그 번민은
사라지지 않습니다.

Thinking of you is easy — I do it every day. Missing you is the
heartache, that never goes away.

- 미상

꽃은 당신을 사랑하지도 미워하지도 않는다. 그저 존재할
뿐이다.

A flower doesn't love you or hate you, it just exists.

- 마이크 화이트(Mike White, 미국 영화배우/감독)

눈물은 마음이 표현할 수 없는 말입니다.

Tears are words the heart can't say.

- 미상

사람들은 자아, 욕망, 불안을 진정한 사랑과 혼동합니다.

People confuse ego, lust, insecurity with true love.

- 사이먼 코웰(Simon Cowell, 영국 음반기획자)

연인이라도 남자와 여자 사이엔 차이가 있다.
여자는 하루 종일 사랑할 수 있지만, 남자는
가끔 그럴 수 있다.

As lovers, the difference between men and
women is that women can love all day long, but
men only at times.

– 윌리엄 서머싯 몸(William Somerset Maugham, 영국 작가)

나는 당신을 너무 많이 사랑합니다.
그것이 내 문제 중 하나입니다.

I love you all too much, it's one of just of my
problems.

– 허브 빌리체이즈(Herve Villechaize, 프랑스 영화배우)

하루 종일 당신과 함께 있어도 당신이 떠나는 순간부터
당신이 그리울 겁니다.

Even if I spent the whole day with you, I will miss you the second
you leave.

– 미상

사랑으로 제정되지 않은 다른 모든 법을 저주하라.

Curse on all laws but those which love has made.

– 알렉산더 포프(Alexander Pope, 영국 시인)

기독교는 이웃을 사랑하라고 가르친다. 하지만 현대사회에는
이웃이 없다.

Christianity teaches us to love our neighbour. Modern society
acknowledges no neighbour.

– 벤저민 디즈레일리(Benjamin Disraeli, 영국 정치가/작가)

당신이 사랑하는 바로 그 사람을 선택하라.

Choose only him whom you love.

– 미상

인생은 사랑이면서, 생명의 활기이며, 영혼이기도 하다.

Life is love, and the life of life, spirit.

– 요한 볼프강 폰 괴테(Johann Wolfgang von Goethe, 독일 작가)

아, 사랑은 우리를 행복하게 해주려고 존재하는 것이
아니군. 나는 사랑이 우리가 얼마나 인내할 수 있는지
증명하기 위해 존재하는 것이라 믿어.

Oh, love isn't there to make us happy. I believe it exists to
show us how much we can endure.

– 헤르만 헤세(Hermann Hesse, 스위스 시인/소설가)

모든 사람이 똑같은 것을 흠모하거나 사랑하는
것은 아니다.

All men do not admire and love the same things.

– 호라티우스(Quintus Horatius Flaccus, 고대 로마 시인)

사랑은 여자의 삶 전체를 포용한다.
사랑은 여자의 감옥이자 천국이다.

Love embraces woman's whole life;
it is her prison and her kingdom of heaven.

– 아델베르트 폰 샤미소(Adelbert von Chamisso, 독일 시인/식물학자)

존엄과 사랑은 잘 섞이지 않으면서
오래 지속되지도 않는다.

Dignity and love do not blend well,
nor do they continue long together.

– 오비디우스(Publius Naso Ovidius, 고대 로마 시인)

사랑이 크면 고통도 크다.

Where the love is great the pain is great.

– 이탈리아 속담

결혼하는 날은 당신이 죽거나 치료받는 날이다.

The day you marry, it is either kill or cure.

– 에스파냐 속담

제3자는 종종 우정에서처럼 사랑에서도
우리에게 귀찮은 존재이다.

A third person is often an annoyance to us in
love as in friendship.

– 프랑스 속담

사랑의 주문이 깨지지 않는 한 모든 슬픔의
주름살은 사라진다.

The wrinkles of every sorrow disappear as long
as the spell of love is unbroken.

– 프리드리히 실러(Friedrich von Schiller, 독일 작가)

모든 장미엔 가시가 있다.

Every rose has its thorn.

– 미상

사랑과 지배는 친구가 될 수 없다.

Love and lordship like not fellowship.

– 미상

사랑엔 꿀과 독이 넘쳐흐른다.

Love abounds in honey and poison.

– 에스파냐 속담

사랑은 먼저 고통을 겪지 않고는 가슴에 갈구하는 모든 것을 담을 수 없다.

Love cannot clasp all it yearns for in its bosom, without first suffering for it.

– 헨리 워드 비처(Henry Ward Beecher, 미국 성직자)

사랑은 많은 일을 하지만, 돈이 더 많은 일을 한다.

Love does much, but money does more.

– 미상

사랑은 언제나 아래로 흐른다.

Love ever flows downward.

– 미상

사랑은 로맨스의 요정 지역에서 태어난 현실이다.

Love is a reality which is born in the fairy region of romance.

- 샤를모리스 드 탈레랑페리고르(Charles Maurice de Talleyrand-Périgord,
  프랑스 성직자/외교관)

사랑은 눈이 멀었기 때문에 연인들은 자신들이 저지르는
상당한 잘못을 보지 못한다.

Love is blind, and lovers cannot see the pretty follies that
themselves commit.

- 윌리엄 셰익스피어(William Shakespeare, 영국 극작가)

사랑은 불처럼 지속적인 행동 없이는 존재할 수 없으며,
희망이나 두려움이 없어지면 사랑도 금방 사라진다.

Love, like fire, cannot subsist without continual motion, and
ceases to exist as soon as it ceases to hope or fear.

- 장 라로쉬(Jean Laroche, 프랑스 시인)

사랑은 늑대가 먹이 찾아다니기를 두려워하는
길에서 방향을 찾는다.

Love will find its way through paths where wolves
would fear to prey.

– 조지 고든 바이런(George Gordon Byron, 영국 시인)

사랑은 그 자체로 아주 달콤하다. 가장 좋은 것은
사랑의 꿀에 입에 쓴 쓸개즙이 약간 섞여 있을 때다.

Love's of itself too sweet; the best of all is when love's
honey has a dash of gall.

– 로버트 헤릭(Robert Herrick, 영국 시인)

당신이 내 마음을 찢으신다면 영광이겠지요.

It would be a privilege to have my heart broken by you.

– 존 그린(John Green, 미국 소설가)

사랑은 마음의 가장 고귀한 약점이다.

Love's the noblest frailty of the mind.

– 존 드라이든(John Dryden, 영국 시인)

살아 있을 때 질시를 받는 사람은 죽어서야 사랑을 받는다.

He will be beloved when he is dead who was envied when he was living.

– 호라티우스(Quintus Horatius Flaccus, 고대 로마 시인)

어떤 사람이 떠난다고 해서 당신의 이야기가 끝나는 것은 아니다. 당신의 이야기 속에서 그들이 차지하는 부분이 끝나는 것에 불과하다.

Some people are going to leave, but that's not the end of your story. That's the end of their part in your story.

– 파라즈 카지(Faraaz Kazi, 인도 저술가)

사랑하는 것은 아무것도 아니다. 사랑받는 것에 무엇이 있다. 기껏해야 사랑하면서 동시에 사랑받은 것이 전부다.

To love is nothing. To be loved is something. But to love and be loved, that's everything.

– 테미스 톨리스(Themis Tolis, 그리스 가수)

우리는 우리가 사랑하는 것들을 있는 그대로 사랑한다.

We love the things we love for what they are.

– 로버트 프로스트(Robert Frost, 미국 시인)

사랑에 빠지기는 쉽다. 하지만 당신을 좋아할 사람을
찾는 것이 어렵다.

It's easy to fall in love. The hard part is finding someone to
catch you.

– 버트런드 러셀(Bertrand Russell, 영국 철학자/사회학자)

무언가를 사랑하는 방법은 그것을 잃을 수도 있다는
것을 깨닫는 것이다.

The way to love anything is to realize that it may be lost.

– 길버트 체스터턴(Gilbert Chesterton, 영국 작가)

난 결혼하고 싶어. 남은 인생 동안 괴롭힐 특별한 사람을
찾는 게 아주 좋은 일이거든.

I love being married. It's so great to find one special person
you want to annoy for the rest of your life.

– 리타 루드너(Rita Rudner, 미국 코미디언)

난 너를 사랑해. 넌 내가 가능하다고 생각했던 것보다 더
나를 괴롭혀. 하지만 난 짜증나는 매 순간을 너와 같이
보내고 싶어.

I love you. You annoy me more than I ever thought possible.
But I want to spend every irritating minute with you.

– 미상

뱃사람이 넓은 바다를 아는 것처럼 여자는 자신이
사랑하는 남자의 얼굴을 안다.

A woman knows the face of the man she loves as a sailor
knows the open sea.

– 오노레 드 발자크(Honoré de Balzac, 프랑스 작가)

존중 없는 사랑은 변하기가 쉬워 덧없고, 사랑 없는 존중은 나른하면서 차갑다.

As love without esteem is capricious and volatile, esteem without love is languid and cold.

– 조너선 스위프트(Jonathan Swift, 영국 작가/성직자/정치평론가)

나는 우리의 결혼생활이 결혼식보다 더 아름답기를 바랍니다.

I want a marriage more beautiful than my wedding.

– 미상

사랑은 밑 빠진 구덩이이며, 모든 것을 집어삼키는 가마우지이자 괴물이다.

Love is a bottomless pit; it is a cormorant — a harpy that devours everything.

– 조너선 스위프트(Jonathan Swift, 영국 작가/성직자/정치평론가)

사랑의 기쁨은 잠시지만, 사랑의 고통은 평생을 간다.

Pleasure of love lasts but a moment. Pain of love lasts a lifetime.

– 베티 데이비스(Bette Davis, 미국 배우)

당신이라는 이유만으로
당신을 사랑할 수 있습니다.

It is possible to be in love with you
just because of who you are.

– 매기 스티바터(Maggie Stiefvater, 미국 소설가)

08
사랑의 능력

사랑한 후에

오, 지금 이별하면, 지금 헤어지는 것이라면
다시는 만나지 맙시다.
당신과 나는 언제나
기쁨과 고통으로 같이해왔습니다.

친구로서 만나는 것이
너무 힘들고 힘들었는데
사랑은 아니군요.
흘러간 만남은 너무 달콤했는데 말입니다.

나는 사랑하길 원했지만, 이제 사랑은 없습니다.
모든 것이 끝, 끝.
당신의 연인이었던 나는
당신의 친구가 되어달라고
빌고 싶지 않습니다.

After Love

O TO part now, and, parting now,
Never to meet again;
To have done for ever, I and thou,
With joy, and so with pain.

It is too hard, too hard to meet
As friends, and love no more;
Those other meetings were too sweet
That went before.

And I would have, now love it over,
An end to all, an end:
I cannot, having been your lover,
Stoop to become your friend!

아서 시먼즈(Arthur Symons, 영국 시인/비평가)

위대한 사랑이 있는 곳에는 항상 기적이 있다.

Where there is great love, there are always miracles.

– 윌라 캐더(Willa Cather, 미국 소설가)

하늘에 감사하게도 사람은 얼마든지 자립할 수 있다. 하지만 열 사람이 사랑으로 뭉치면 1만 명이 개별적으로 할 수 있는 일을 해낼 수 있다.

A man, be the heavens praised, is sufficient for himself; yet were ten men, united in love, capable of being and doing what ten thousand singly would fail in.

– 토머스 칼라일(Thomas Carlyle, 영국 역사학자/평론가)

사랑은 사람을 믿기지 않을 만큼 변화시킨다.

A man can be so changed by love as to be unrecognisable as the same person.

– 테렌티우스(Publius Terentius Afer, 고대 로마 시인/희극작가)

🦋

사랑에 빠지면 신의 힘을 빌리지 않고도 현명하게 행동할 수 있다.

To be in love and act wisely is scarcely in the power of a god.

– 제프리 파버(Geoffrey Faber, 영국 시인)

🦋

너희는 사랑 안에서 연합하라.

Be ye united in love.

– 이탈리아 속담

🦋

음악이 사랑의 음식이라면 계속 연주하라.

If music be the food of love, play on.

– 윌리엄 셰익스피어(William Shakespeare, 영국 극작가)

사랑은 사랑을 낳는다.

Love begets love.

– 미상

사랑은 모든 사람을 평등하게 만든다.

Love makes all equal.

– 이탈리아 속담

사랑하면 복종하게 된다.

Love and obedience.

– 미상

연인들이 싸워 봤자 새로운 사랑이 시작될 뿐이다.

The quarrels of lovers bring about a renewal of love.

– 테렌티우스(Publius Terentius Afer, 고대 로마 시인/희극작가)

사랑을 치료하는 방법은 더 많이 사랑하는 것밖에 없다.

There is no remedy for love but to love more.

– 헨리 데이비드 소로(Henry David Thoreau, 미국 사상가/문학자)

내 인생에 당신이 없었다면 나는 지금과 같은 성공을 거둘 수 없었을 겁니다.

I never would have accomplished what I have today without you in my life.

– 미상

당신이 최선을 다해 무엇을 사랑한다면, 그 무엇이 당신에게 말을 걸어올 것이다.

If you love it enough, anything will talk with you.

– 조지 워싱턴 카버(George Washington Carver, 미국 농화학자/식물학자)

사랑은 장미를 심었고, 세상은 달콤해졌다.

Love planted a rose, and the world turned sweet.

– 캐서린 리 베이츠(Katharine Lee Bates, 미국 작가)

내가 이해하는 모든 것은 내가 사랑하기 때문에
이해하는 것입니다.

All, everything that I understand, I only understand
because I love.

– 레프 톨스토이(Lev Tolstoy, 러시아 소설가)

사랑하면 유한 속에서 무한을 보게 된다. 우리는
창조물에서 창조주를 본다.

When we love, we see the infinite in the finite. We find
the Creator in the creation.

– 엘리파스 레비(Eliphas Levi, 프랑스 시인)

사랑은 모든 어려움, 모든 문제, 모든 오해를
해결해주는 위대한 방법이다.

Love is the great solvent of all difficulties, all
problems, all misunderstandings.

– 화이트 이글(White Eagle, 미국 저술가)

뚱뚱한 아이가 케이크를 좋아하듯 난 너를 사랑해!

I love you like a fat kid loves cake!

– 스콧 애덤스(Scott Adams, 미국 만화작가)

당신은 누구도 할 수 없는 방식으로 나를 행복하게
해줍니다.

You make me happy in a way no one else can.

– 미상

마음이 무너져 내리는 것을 막을 능력이 내게 있다면, 나는
허무하게 살지 않을 거예요.

If I can stop one heart from breaking, I shall not live in vain.

– 에밀리 디킨슨(Emily Dickinson, 미국 시인)

위대한 역사의 시작엔 항상 여자가 있다.

There is a woman at the beginning
of all great things.

– 알퐁스 드 라마르틴(Alphonse de Lamartine,
프랑스 시인/정치가)

그리고 결국, 당신이 받는 사랑은
당신이 만든 사랑입니다.

And in the end, the love you take,
is equal to the love you make.

– 폴 매카트니(Paul McCartney, 영국 가수/작곡가)

당신의 미소는 내 행복의 문을 여는 열쇠입니다.

Your smile is a key, to my unlock happiness.

– 미상

우리가 같이 있을 땐 허쉬 초콜릿이 필요 없습니다.

그만큼 우리 사이가 달콤하니까요.

Together, we'll put Hershey's out of business! That's how
sweet the two of us are.

– 미상

너를 포옹해서 너의 체온을 빼앗고 싶어.

Let's cuddle so I can steal your body heat.

– 미상

그녀는 슬플 때도 행복해지는 방법을 알고 있었어요.

바로 그 점이 중요하지요.

She was a girl who knew how to be happy even when
she was sad. And that's important.

– 마릴린 먼로(Marilyn Monroe, 미국 영화배우)

사랑이 진심이면 길을 찾게 되어 있습니다.

When love is real… it finds a way.

– 미상

당신을 사랑하기에 진실을 말하는 단순한 즐거움을 부정하지 않는 것입니다.

I'm in love with you, and I'm not in the business of denying myself the simple pleasure of saying true things.

– 존 그린(John Green, 미국 작가)

키스를 하면 1분에 6.4칼로리가 소모됩니다. 확인해볼래요?

Kissing burns 6.4calories per minute. Wanna make out?

– 미상

사랑의 힘을 보여줄 수 있는 것은 행동뿐이다.

The act alone shows the power of love.

– 요한 볼프강 폰 괴테(Johann Wolfgang von Goethe, 독일 작가)

그녀와 함께 있으면 나는 살아 있는 것에 행복을
느끼면서 무엇이든 할 수 있을 것 같습니다.

When I'm with her, I feel happy to be alive. Like I can do
anything.

– 코리 매튜스(Cory Matthews, 미국 TV 시트콤 〈보이 미트 월드(Boy
  Meets World)〉의 주인공)

내가 원하는 것은 세 가지뿐이지요. 당신을 보는 것,
당신을 포용하는 것, 당신에게 키스하는 것.

I only want 3 things: to see you, hug you, and kiss you.

– 미상

열정은 달아나고, 사랑은 머물러야 한다. 꽃은 지고,
열매는 익어야 한다.

Passion takes flight, love must abide; the flower fades,
the fruit must ripen.

– 프리드리히 실러(Friedrich von Schiller, 독일 시인/작가)

사랑을 마음에 품은 사람의 양 옆구리엔 힘차게
달리는 바퀴가 있다.

He who has love in his heart has spurs in his sides.
– 이탈리아 속담

세상은 사랑을 통해 자유로워지고, 실천을 통해 위대해진다.

Through love the earth becomes free; through deeds, great.
– 요한 볼프강 폰 괴테(Johann Wolfgang von Goethe, 독일 작가)

제사장은 자기의 양 떼를 사랑하지만, 숫양보다는 어린 양을
더 사랑한다.

The priest loves his flock, but the lambs more than the rams.
– 독일 속담

사랑은 오두막집을 금으로 두른 궁전으로 탈바꿈시킨다.

Love converts the cottage into a palace of gold.
– 루트비히 크리스토프 하인리히 횔티(Ludwig Christoph Heinrich Hölty, 독일 시인)

사랑은 모든 예술의 주관자다.

Love is master of all arts.
– 이탈리아 속담

하늘의 신성한 사랑, 모든 탁월한
사랑, 기쁨이 땅으로 내려온다.

Love divine, all love excelling,
joy of heaven to earth come down.
– 아우구스투스 몬태규 토플라디(Augustus
Montague Toplady, 영국 성직자 / 저술가)

사랑과 빛은 숨지 않는다.

Love and light winna hide.
– 스코틀랜드 속담

사랑은 애정 어린 말로 얻어진다.

Love is to be won by affectionate words.

– 미상

비열하거나 성가신 것은 없다. 사랑은 모든 것을 신성하게 한다.

Nothing is mean or irksome: love will hallow it all.

– 월터 스미스(Walter Smith, 미국 역사학자)

어떤 사소한 일이라도 두 연인을 즐겁게 하기에 충분하다.

Any trifle is enough to entertain two lovers.

– 요한 볼프강 폰 괴테(Johann Wolfgang von Goethe, 독일 작가)

사랑은 이성(理性)이 절망적인 곳에서 희망을 품는다.

Love can hope where reason would despair.

– 조지 리틀턴(George Lyttelton, 영국 정치가/시인)

사랑은 지식을 더하게 한다.

Love furthers knowledge.

– 미상

사랑은 최고의 해설사를 한숨짓게 한다.

Love has made its best interpreter a sigh.

– 조지 고든 바이런(George Gordon Byron, 영국 시인)

사랑은 항상 새로워지기 때문에 나이가 없다.

Love has no age, as it is always renewing itself.

– 블레즈 파스칼(Blaise Pascal, 프랑스 수학자/철학자)

❧

사랑은 추한 것을 숨긴다.

Love hides ugliness.

– 스코틀랜드 속담

❧

마음속의 사랑이 입의 꿀보다 낫다.

Love in the heart is better than honey in the mouth.

– 미상

❧

사랑은 노동을 가볍게 한다.

Love makes labour light.

– 조시아 홀랜드(Josiah Holland, 미국 소설가)

❧

사랑은 자물쇠 만드는 자를 비웃는다.

Love laughs at locksmiths.

– 미상

로맨스가 역사보다 더 재미있기 때문에 사랑은 결혼보다 더 즐겁다.

Love is more pleasing than marriage, because romances are more amusing than history.

– 니콜라 샹포르(Nicolas Chamfort, 프랑스 작가)

사랑은 장님이 아니라 우리에게 가장 존경할 만한 가치를 보여주는 제3의 눈이다.

Love is not blind; it is an extra eye, which shows us what is most worthy of regard.

– 제임스 매튜 배리(James Matthew Barrie, 영국 소설가)

사랑은 얕은 즐거움을 좋아하지 않는다.

Love likes not shallow mirth.

– 월터 차머스 스미스(Walter Chalmers Smith, 스코틀랜드 작가/시인/성직자)

🍀

사랑은 영원히 깨어 있어서 수고에 지치지 않고, 환난에
짓눌리지 않으며, 두려움에 낙심하지 않는다.

Love is eternally awake, never tired with labour, nor oppressed
with affliction, nor discouraged by fear.

– 토마스 아 켐피스(Thomas à Kempis, 독일 사상가)

🍀

사랑은 남자의 말에는 잘 녹지 않기 때문에 남자는 사랑을
많이 말해야 한다. 반면 여자의 말 한마디는 남자의 심장이
감당할 수 있는 정도 이상으로 많은 사랑을 녹일 수 있다.

Love is sparingly soluble in the words of men, therefore they
speak much of it; but one syllable of woman's speech can
dissolve more of it than a man's heart can hold.

– 올리버 웬델 홈스 주니어(Oliver Wendell Holmes Sr., 미국 법학자/대법관)

사랑하면 순종하는 것이 자유를 누리는 것보다 더 기쁘다.

Love makes obedience lighter than liberty.

– 윌리엄 라운즈빌 앨저(William Rounseville Alger, 미국 저술가)

사랑은 시간을 지나가게 하고, 시간은 사랑을 지나가게 한다.

Love makes time pass away, and time makes love pass away.

– 프랑스 속담

나를 사랑한다면 나의 개도 사랑하게 된다오.

Love me, love my dog.

– 미상

인간의 사랑은 현금으로 살 수 없다. 사람은 사랑이 없으면 남들과 같이 있는 것을 견디지 못한다.

Love of men cannot be bought by cash payment; and without love men cannot endure to be together.

– 토머스 칼라일(Thomas Carlyle, 영국 역사학자/평론가)

🦋

사랑은 칼 없이 왕국을 다스리고 끈 없이 하나로
묶는다.

Love rules without a sword and binds without a cord.

– 미상

🦋

사랑은 법 없이 통치한다.

Love rules without law.

– 이탈리아 속담

🦋

사랑은 가장 아둔한 이에게도 인간에게 가능성이
있다는 것을 가르쳐준다.

Love shows, even to the dullest, the possibilities of the
human race.

– 미상

좋은 것을 사랑하고 나쁜 것은 용서하라.

Love the good and forgive the bad.

– 미상

사랑은 마음에 따라 달리 작용하면서 어리석은 자를
깨우치고 현명한 자의 눈을 감게 한다.

Love works a different way in different minds, the fool
enlightens and the wise he blinds.

– 존 드라이든(John Dryden, 영국 시인)

사랑은 모든 부정적인 생각을 사라지게 한다.

Love makes all the negative thoughts disappear.

– 미상

연인과 미치광이는 환상을 품듯 멋진 이성(理性)을 이해하는
것보다 더 많은 것을 이해할 수 있는 끓어오르는 두뇌를 갖고
있다.

Lovers and madmen have such seething brains, such shaping
fantasies, that apprehend more than cool reason ever
comprehends.

– 윌리엄 셰익스피어(William Shakespeare, 영국 극작가)

사랑하지 않는 것은 슬프지만, 사랑할 수 없는 것은 훨씬 더
슬프다.

It is sad not to love, but it is much sadder not to be able to love.

– 미겔 데 우나무노(Miguel de Unamuno, 에스파냐 철학자/소설가)

누군가에게 사랑을 받으면 힘이 생기고, 누군가를 사랑하면
용기가 생긴다.

Being deeply loved by someone gives you strength while loving
someone deeply gives you courage.

– 노자(老子, 중국 사상가)

지옥이 뭐냐고? 그건 사랑할 수 없는 상태에 처한
고통이야.

What is hell? I maintain that it is the suffering of being
unable to love.

– 표도르 도스토옙스키(Fyodor Dostoevsky, 러시아 소설가)

우리는 완전한 사랑을 창조하기보다는 완벽한 연인을
찾느라 시간을 소비한다.

We waste time looking for the perfect lover, instead of
creating the perfect love.

– 톰 로빈스(Tom Robbins, 미국 소설가)

운이 좋아 괴짜를 만나거든, 절대로 그를 놓치지 말고
붙들어라.

If you are lucky enough to find a weirdo, never let them go.

– 미상

아무도 보지 않는 것처럼 춤을 추세요.

당신이 절대로 상처를 받지 않을 것처럼 사랑하세요.

아무도 듣지 않는 것처럼 노래를 부르세요.

지상낙원에 있는 것처럼 사세요.

You've gotta dance like there's nobody watching,
Love like you'll never be hurt,
Sing like there's nobody listening,
And live like it's heaven on earth.

- 윌리엄 퍼키(William Purkey, 미국 작가)

인간과 같은 작은 생명체에게 광대함은 사랑을 통해서만
감당될 수 있다.

For small creatures such as we the vastness is bearable only
through love.

– 칼 세이건(Carl Sagan, 미국 천문학자)

사랑은 어떤 사람을 그 사람의 모자에서 끄집어내는
마술사다.

Love is the magician that pulls man out of his own hat.

– 벤 헥트(Ben Hecht, 미국 시나리오작가/소설가)

때로는 누군가가 당신의 삶에 들어가 예기치 않게 당신의
마음을 정복한 뒤 당신의 삶을 영원히 바꿔놓기도 하지요.

Sometimes, someone comes into your life, so unexpectedly, takes
your heart by surprise, and changes your life forever.

– 미상

당신이 사랑하는 사람과의 하루는
모든 것을 바꿀 수 있습니다.

One day spent with someone you love
can change everything.

– 미치 앨봄(Mitch Albom, 미국 작가)

09
부모의 사랑

어머니에게 보내는 편지

연로하신 불쌍한 어머니, 아직도 살아 계십니까?
저 역시 살아 있어 이렇게 문안 인사를 드립니다!
당신의 초라한 오두막집 위에
여명이 사다리처럼 기어올라 그 위에 머물러 있겠군요.

어머니가 공포를 숨기시고
저를 그리워하시느라 힘든 나날을 보내시며
다 떨어져 넝마 같은 옷을 걸치시고
먼 곳을 바라보며 길을 걷는다는 소식을 들었습니다.

하지만 저녁이 어둠을 몰고 오면,
당신은 보고 계시겠군요, 가까이서 보고 계시겠군요.
을씨년스런 여관들… 잔인한 살인자들이 득실거리는…
제 심장이 관통되는 장면을 상상하면서…
어머니는 두려움에 떠시겠군요.

그건 별것 아니에요, 어머니! 걱정하지 마세요.
어머니는 그저 악몽이 춤추고 까부는 것을 보고 계실 뿐입니다.
어머니도 안 계신 먼 곳에 있는 제가
어머니에게 죽음 같은 고통을 안겨드릴 수는 없습니다.

Letter to Mother

Do you live yet, my poor old mother?
I, too, live, sending you my love.
May the twilight climb up like a ladder
your poor cottage and hover above.

I've heard say you conceal fear,
that you miss me, that your life is hard,
and along that path, my dear,
that you walk, funny-clad, gazing far.

But when evening showers down its gloom,
you are seeing, you are seeing close,
murky inns··· bloody killers loom···
my heart··· pierced··· and your fear grows.

That's a trifle, mother! Please stay calm.
You see nightmares dance and play.
I could never cause you such a harm
as to die, without you, far away.

어머니의 부드럽고 애틋한 손이 그리워서
저는 매일 밤, 이 고통스러운 타향을 떠나
나무로 지어진 우리 집으로 돌아가는 꿈을 꾸어요.

우리 과수원이 태양 빛을 받아 하얗게 물드는 날이 오면
저는 집으로 돌아가렵니다.
예전에 그러셨지만, 앞으론 새벽에 저를 깨우지 말아주세요.

제가 꾸는 꿈에서 깨어나게 하지 말아주세요.
그저 잠들게, 영원히 잠들게 내버려두세요.
삶은 너무 일찍 저의 모든 꿈, 저의 모든 희망,
저의 모든 사랑을 파괴하고 말았습니다.

제발 기도하는 법도 가르쳐주지 마세요.
가버린 것은 지워지고, 또 지워지는걸요.
어머니는 나의 은총, 어머니만이 공정하십니다.
어머니는 안개 속의 유일한 빛이십니다.

그러니 다 내려놓고 공포를 내다 버리세요.
그리워하기를 그만두고, 당신의 슬픔 마음을 달래주세요.
앞으론 넝마 같은 옷을 걸치지 마시고
먼 곳을 바라보며 걷는 것도 그만두세요.

I still miss your gentle, fondling hands,
and I dream every night that I could
leave this anguish, leave these foreign lands,
and return to our home made of wood.

I'll come back when the day is born
and our orchard whitens in its glow.
Only never wake me at the dawn
as you used to, as you did years ago.

Please don't rouse what I've dreamt away,
let it sleep, let it sleep for ever.
Life too early had managed to slay
all my dreams, all my hopes, all my lovers.

Please don't teach me how to say my prayer:
what has gone is erased, erased.
You're my grace, you alone are fair,
you're my only light in the haze.

So give up, abandon your fear,
stop that longing, soothe your sorry heart,
and along that path, my dear,
walk no more, funny-clad, gazing far.

세르게이 예세닌(Sergei Esenin, 러시아 시인)

어머니는 아이가 말하지 않은 것을 안다.

A mother understands what a child does not say.

- 유대 속담

딸에 대한 아버지의 사랑만큼 천사 같은 애정은 없다.
아내에 대한 사랑에는 욕망이 있고, 아들에게는 야망이
있지만, 딸에게는 말로 표현할 수 없는 뭔가가 있다.

Certain it is that there is no kind of affection so purely angelic
as that of a father to a daughter. In love to our wives there
is desire; to our sons, ambition; but to our daughters there is
something which there are no words to express.

- 조지프 애디슨(Joseph Addison, 영국 수필가)

부모가 자식에게 줄 수 있는 최고의 선물은 자신감이다.

The greatest gift a parent can give a child is self-confidence.

- 스튜어트 스태포드(Stewart Stafford, 미국 영화배우)

> 우리가 아무리 먼 길을 간다고 하더라도 부모님은
> 항상 우리 안에 있다.
>
> No matter how far we come, our parents are always in us.
>
> – 브래드 멜처(Brad Meltzer, 미국 소설가)

부모가 자녀에게 가르칠 수 있는 가장 중요한 것은 자녀가
부모 없이도 살아가는 방법이다.

The most important thing that parents can teach their children is
how to get along without them.

– 프랭크 A. 클라크(Frank A. Clark, 미국 변호사/정치가)

부모에게 무례하게 굴도록 허락된 아이는 누구에게도 진정한
존경을 받지 못할 것이다.

A child who is allowed to be disrespectful to his parents will not
have true respect for anyone.

– 빌리 그레이엄(Billy Graham, 미국 목사)

부모는 아이에게 새 치아가 나게 하는 뼈다.

Parents are the bones on which children cut their teeth.

– 피터 유스티노프(Peter Ustinov, 영국 영화배우/작가)

부모가 자녀에게 줄 수 있는 최고의 유산은 매일 몇 분간의 시간이다.

The best inheritance a parent can give his children is a few minutes of his time each day.

– 올랜도 알로이시우스 바티스타(Orlando Aloysius Battista, 캐나다 화학자/작가)

내 부모님은 나의 기둥이셨고 지금도 그러하다. 내가 영점이나 40점을 받더라도 용기를 불어넣어주신 분은 부모님뿐이셨다.

My parents are my backbone. Still are. They're the only group that will support you if you score zero or you score 40.

– 코비 브라이언트(Kobe Bryant, 미국 전 농구선수)

양부모는 진짜 부모를 대신하지는 못하지만 아이의 인생 경험을 넓혀준다.

Step parents are not around to replace a biological parent, rather augment a child's life experience.

– 아즈리엘 존슨(Azriel Johnson, 미국 작가)

자녀 양육은 아이들이 성장한다고 해서
중단되는 것이 아니라 평생 해야 할 일이다.

Parenting is a life time job and does not
stop when a child grows up.

– 잭 슬로프(Jake Slope, 미국 작가)

어머니의 눈을 보면 지구상에서
가장 순수한 사랑을 확인할 수 있다.

When you look into your mother's eyes,
you know that is the purest love you
can find on this earth.

– 미치 앨봄(Mitch Albom, 미국 작가)

사랑은 아이를 부모에게 묶는 사슬이다.

Love is the chain whereby to bind
a child to its parents.

– 에이브러햄 링컨(Abraham Lincoln, 미국 대통령)

당신을 향한 어머니의 사랑만큼 강렬한 사랑은 당신이 깊은
사랑을 받았다는 흔적을 남깁니다. 그것은 우리를 영원히
지켜주는 사랑입니다.

Love as powerful as your mother's for you leaves its own mark to
have been loved so deeply… will give us some protection forever.

– 조앤 롤링(Joan K. Rowling, 영국 작가)

어머니의 사랑은 다른 사람들이 포기할 때 인내하고 용서하며,
마음이 찢어지더라도 약해지거나 흔들리지 않는다.

A mother's love is patient and forgiving when all others are
forsaking, it never fails or falters, even though the heart is
breaking.

– 헬렌 스타이너 라이스(Helen Steiner Rice, 미국 작가)

훌륭한 아버지는 영감과 자제력의 원천이다. 좋은 어머니는
친절과 겸손의 뿌리다.

A good father is a source of inspiration and self-restraint. A good
mother is the root of kindness and humbleness.

– 치아 티에 포(Chia Thye Poh, 싱가포르 정치가)

이 세상에 당신의 부모 이상으로 당신을 사랑하는 사람은
없다.

Nobody on earth can ever love you more than your parents.

– 미상

아버지의 은혜는 산보다 높고, 어머니의 은혜는 바다보다
깊다.

A father's goodness is higher than the mountain, a mother's
goodness deeper than the sea.

– 일본 속담

나의 존재, 나의 희망은 모두 어머니에게서 나왔다.

All that I am, or hope to be, I owe to my mother.

– 에이브러햄 링컨(Abraham Lincoln, 미국 대통령)

아이는 부모를 사랑하는 것으로 삶을 시작한다.
나이가 들면서 부모를 판단하기도 하고 때로는
용서하기도 한다.

Children begin by loving their parents; as they grow
older they judge them; sometimes they forgive them.
- 오스카 와일드(Oscar Wilde, 아일랜드 시인/소설가)

부모님을 사랑하라. 우리는 성장하느라 너무
바쁘다 보니 부모님이 늙어간다는 사실을 자주
망각한다.

Love your parents. We are so busy growing up, we
often forget they are also growing old.
- 미상

어머니의 애틋한 음성만큼 눈물 나게 하는 것은 없다.

There's nothing like your mother's sympathetic voice to make you want to burst into tears.

– 소피 킨셀라(Sophie Kinsella, 영국 작가/기자)

부모는 자녀에게 재산이 아니라 경건의 정신을 물려줘야 한다.

Let parents bequeath to their children not riches, but the spirit of reverence.

– 플라톤(Platon, 고대 그리스 철학자)

부모님은 나를 다른 사람이 돈을 내줄 때 비싼 것을 주문하게 키우지 않으셨다.

My parents didn't raise me to order something expensive when someone else is paying.

– 니트야 프라카시(Nitya Prakash, 인도 작가)

아이들은 부모의 말을 따르지 않는다. 그들은 부모가 하는 것을 보고 그대로 한다.

Kids don't do what their parents say — they do what they see their parents do.

– 할런 코벤(Harlan Coben, 미국 소설가)

천사는 여자의 두 가지 미소를 부러워한다. 말을 하기 전에
연인을 받아들이는 미소 그리고 첫 아이에게 발산하는
어머니의 미소.

A woman has two smiles that an angel might envy: the smile that
accepts the lover before the words are uttered, and the smile that
lights on the first-born baby, and assures it of a mother's love.

– 제임스 로지 로버트슨(James Logie Robertson, 스코틀랜드 시인)

인간은 자신이 부모가 되기 전에는 부모의 사랑을 알지
못한다.

We never know the love of a parent till we become parents
ourselves.

– 헨리 워드 비처(Henry Ward Beecher, 미국 성직자)

내 식사의 대부분이 내 아이들이 남긴 음식이었다는 것이
기억난다.

It just occurred to me that the majority of my diet is made up of
the foods that my kid didn't finish.

– 캐리 언더우드(Carrie Underwood, 미국 가수)

부모님의 사랑을 이해하려면 너 자신이 아이를 키워봐야 한다.

To understand your parents' love you must raise children yourself.

– 중국 속담

부모가 실수를 저지르는 것은 관심을 두지 않아서가 아니라
지나치게 많은 관심을 두기 때문이다.

Parents don't make mistakes because they don't care, but because
they care so deeply.

– 토머스 베리 브래즐턴(Thomas Berry Brazelton, 미국 소아과의사)

부모는 당신에게 처음엔 생명을 주고, 그다음엔 자신들의 인생을 주려 노력한다.

First your parents, they give you your life, but then they try to give you their life.

– 척 팔라닉(Chuck Palahniuk, 미국 소설가)

자녀를 존중하라. 부모 역할을 지나치게 하지 말라. 아이의 고독을 침범하지 말라.

Respect the child. Be not too much his parent. Trespass not on his solitude.

– 랠프 왈도 에머슨(Ralph Waldo Emerson, 미국 사상가)

부모님은 하나님과 마찬가지다. 당신은 부모님이 자기 곁에 있는지를 알기 원하고, 또 부모님이 자신에게 희망을 걸기를 원하기 때문이다. 하지만 당신은 뭔가 필요할 때만 부모님에게 전화를 한다.

Parents are like God because you wanna know they're out there, and you want them to think well of you, but you really only call when you need something.

– 척 팔라닉(Chuck Palahniuk, 미국 소설가)

모성애가 자연법칙보다
위대한 경우가 종종 있다.

Sometimes the strength of
motherhood is greater than
natural laws.

– 바버라 킹솔버(Barbara Kingsolver,
미국 소설가/수필가)

우리 부모님의 기도는
가장 아름다운 시이자 기대다.

Our parents prayer is the
most beautiful poetry and
expectations.

– 아디티아 리날디(Aditia Rinaldi,
인도네시아 시인)

어머니는 자녀를 위한
기도를 멈춰선 안 된다.

A mother should never stop
praying for her children.

– 라일라 기프티 아키타(Lailah Gifty
Akita, 가나 동기부여전문가/작가)

완벽한 부모란 존재하지 않는다. 그저 진실한 부모면 족하다.

There is no such thing as a perfect parent. So just be a real one.

− 수 앳킨스(Sue Atkins, 영국 방송인/작가)

나의 어머니와 아버지는 나를 교육시키기 위해 믿을 수 없을
정도로 많이 일하셨다.

My mum and dad had worked incredibly hard to afford me an
education.

− 베네딕트 컴버배치(Benedict Cumberbatch, 영국 배우)

부모는 자녀의 능력이 아니라 인격을 함양할 수 있다.

Parents can cultivate the character of a child, not the competence
of a child.

− 아미트 칼란트리(Amit Kalantri, 인도 작가)

부모님은 살아 있는 신이다. 자식의 행복을 위해서 모든 것을
다하면서도 그 대가를 바라지 않는다.

Parents are living gods. They do everything to make their children
happy and expect nothing in return.

– 사라바나 쿠마르 무루간(Saravana Kumar Murugan, 인도 저술가)

부모님에게 감사하라. 당신은 부모님이 당신을 위해 어떤
희생을 하셨는지 결코 알지 못한다.

Appreciate your parents. You never know what sacrifices they
went through for you.

– 미상

부모를 지루하지 않게 하는 것이 자녀의 존재 이유다.

That's what children are for — that their parents may not be
bored.

– 이반 투르게네프(Ivan Turgenev, 러시아 소설가)

다른 사람들의 환심을 사기 위해 부모님에게 화를 내지 말라.
다른 사람들은 당신을 위해 자신을 희생하지 않는다.

Don't anger your parents in order to please other people. Those
other people did not spend their lives building yours.

– 미상

부모님은 당신이 어렸을 때 당신 곁에서 떨어지지
않았다. 그래서 당신은 그분들이 노인이 되었을 때
그분들 곁을 떠나선 안 되는 것이다.

Parents. They didn't leave you when you were young. So
don't leave them when they are old.

– 미상

당신의 나이가 얼마든 당신에겐 항상 어머니가 필요하다.

No matter your age, you will always need your mom.

– 미상

부모에 대한 연민은 성숙의 표시다.

Compassion for our parents is the true sign of maturity.

– 아나이스 닌(Anaïs Nin, 미국 작가)

부모님에게 거짓말을 해야 한다면 그것은 그들을
보호하려는 목적이어야 한다. 그들에게 유익할 때뿐이다.

The thing about lying to your parents is, you have to do it
to protect them. It's for their own good.

– 소피 킨셀라(Sophie Kinsella, 영국 작가/신문기자)

네 부모님을 공경하면 네 아들들도 너를 공경하게 될
것이다.

Honor your parents and your sons will honor you.

- 미상

세상에서 가장 위대한 직책은 부모이고, 세상에서 가장
큰 축복은 '어머니', '아버지'라 부를 부모님이 계신
것이다.

One of the greatest titles in the world is parent, and one of
the biggest blessings in the world is to have parents to call
mom and dad.

- 짐 데민트(Jim DeMint, 미국 정치가)

부모님에게 최선을 다하라. 그러지 않았다간 후회할
날이 온다.

Do your best for your parents. If you don't, one day you
will regret it.

- 데바시스 므리다(Debasish Mridha, 미국 의사/작가)

부모님을 사랑하고 효도하라. 부모님의 자리가 비게 돼서야
그분들의 가치를 알게 되는 법이다.

Love your parents and treat them with loving care. For you will
only know their value when you see their empty chair.
– 미상

부모는 완벽하지도 않고 성자도 아니다. 아버지와 어머니는
항상 실수를 저지른다. 당신이 부모님의 실수를 어떻게
처리하느냐가 당신의 자녀에게 중요한 인생 교훈으로 작용할
것이다.

Parents are not perfect, nor are they saints. Dads and moms make
mistakes all the time. How you handle these situations will be an
important life lesson for your children.
– 베타니 브리지스(Bethany Bridges, 미국 저술가)

부모가 인간임을 깨닫는 순간, 당신은 순수함을 잃게 될
것이다.

When you realize your parents are human, that's when you lose
your innocence.

– 리디아 롱고리오(Lidia Longorio, 미국 작가)

우리는 부모님이 영원히 살 것처럼 기대하면서 성장하지만,
부모님은 어느 날 갑자기 세상을 떠난다.

We grow up expecting our parents to live forever until, one day,
they're suddenly gone.

– 라일리 세이거(Riley Sager, 미국 작가)

난 아버지가 되고 나서야 내 아버지가 왜 그렇게 많이
우울해하셨는지 이해하게 되었다.

Now that I'm a parent, I understand why my father was in a bad
mood a lot.

– 아담 샌들러(Adam Sandler, 미국 배우)

한 아버지가 열 명의 자녀를 부양하는 것이 열 명의 자녀가 한
아버지를 부양하는 것보다 빠르다.

One father supports ten children sooner than ten children one
father.

– 독일 속담

내가 진심으로 믿는 유일한 사랑은
자녀를 향한 어머니의 사랑뿐이다.

The only love that I really believe in is
a mother's love for her children.

– 칼 라거펠트(Karl Lagerfeld, 독일 패션디자이너)

10
자기 사랑

당신이 늙었을 때

당신이 늙어 백발이 되고 잠이 많아져
난로 옆에서 머리를 떨구며 고개를 끄덕일 때
이 책을 끄집어내어 천천히 읽으면서
한때 당신의 눈에 어른거렸던 온화한 인상과
깊은 그림자를 꿈꿔보십시오.

얼마나 많은 사람이 당신의 밝은 기품을 사랑하고
거짓이든 사실이든
사랑으로 당신의 아름다움을 사랑했는지.
그러나 한 사람만이 당신 속에 있는
순교자의 영혼을 사랑했고,
변하는 당신의 얼굴에 비친 슬픔을 사랑했답니다.

벌겋게 달구어진 빗장 옆에서 몸을 구부린 채
다소 슬픔이 어린 음성으로 중얼거려보십시오.
어떻게 사랑이 도망쳐서
머리 위로 솟은 산들을 뛰어올라
별무리 속에 자신의 얼굴을 감추었는지를.

When You Are Old

When you are old and grey and full of sleep,
And nodding by the fire, take down this book,
And slowly read, and dream of the soft look
Your eyes had once, and of their shadows deep;

How many loved your moments of glad grace,
And loved your beauty with love false or true,
But one man loved the pilgrim soul in you,
And loved the sorrows of your changing face;

And bending down beside the glowing bars,
Murmur, a little sadly, how Love fled
And paced upon the mountains overhead
And hid his face amid a crowd of stars.

윌리엄 버틀러 예이츠(William Butler Yeats, 아일랜드 시인)

✳

인간은 자신의 승인 없이는 안락해질 수 없다.

A man cannot be comfortable without his own approval.

– 마크 트웨인(Mark Twain, 미국 소설가)

✳

자기 사랑은 이기적이지 않다. 당신 자신을 사랑하지 않고는
다른 사람을 진정으로 사랑할 수 없다.

Self-love is not selfish; you cannot truly love another until you
know how to love yourself.

– 미상

✳

다른 사람이 당신의 자존감을 낮추게 허용해선 안 된다.
그렇게 하는 것이 바로 자존감이기 때문이다. 다른 사람이
당신을 사랑하기 전에 당신은 먼저 자신을 사랑해야 한다.

You can't let someone else lower your self-esteem, because that's
what it is — self-esteem. You need to first love yourself before
you have anybody else love you.

– 위니 할로우(Winnie Harlow, 캐나다 모델)

자신이 사랑하는 것을
용감히 지키는 자는 행복하다.

Happy he who dares courageously to
defend what he loves.

– 오비디우스(Publius Naso Ovidius, 고대 로마 시인)

우주 안에 존재하는 그 누구와 마찬가지로
당신은 사랑과 애정을 받을 자격이 있다.

You yourself, as much as anybody in the entire
universe, deserves your love and affection.

– 석가모니(釋迦牟尼, 불교 창시자)

강한 사람치고
인생을 사랑하지 않는 사람은 없다.

All strong men love life.

– 하인리히 하이네(Heinrich Heine, 독일 시인)

당신 자신을 사랑할 때처럼 음식을 취하세요.

당신 자신을 사랑할 때처럼 움직이세요.

당신 자신을 사랑할 때처럼 말하세요.

당신 자신을 사랑할 때처럼 행동하세요.

당신 자신을 사랑하세요.

Eat like you love yourself.
Move like you love yourself.
Speak like you love yourself.
Act like your love yourself.
Love yourself.

− 미상

✿

인생에서 가장 불행한 것 중 하나는 자신이 원하는 것이
아니라 다른 사람이 원하는 대로 되는 것이다.

One of the greatest regrets in life is being what others would
want you to be, rather than being yourself.
– 섀넌 앨더(Shannon L. Alder, 미국 저술가)

✿

괴롭힘을 당하고 침묵하지 말라. 절대로 당신 자신을
희생자로 만들지 말라. 다른 사람들이 당신에 대해 말하는
것을 인정하지 말고, 당신 스스로 판단하는 자신만을
받아들이라.

Never be bullied into silence. Never allow yourself to be made a
victim. Accept no one's definition of your life, but define yourself.
– 하비 피어스타인(Harvey Fierstein, 미국 배우/작가)

✿

남이 나를 어떻게 생각하든 나는 나를 사랑하기로
마음먹었다.

Regardless of how anyone else feels about me, I am going to
choose to love myself today.
– 미상

당신 자신부터 사랑하세요. 그럼 모든 것이 그에 따라
정렬될 거예요. 이 세상에서 뭔가를 하려면 반드시 당신
자신부터 사랑해야 합니다.

Love yourself first and everything else falls into line. You really
have to love yourself to get anything done in this world.

– 루실 볼(Lucille Ball, 미국 배우／코미디언)

세상은 적대적이며 거짓이 판친다. 그 안에 사는 우리는
자신을 사랑한다.

Hostile is the world, and falsely disposed. In it each one loves
himself alone.

– 프리드리히 실러(Friedrich von Schiller, 독일 작가)

낮은 자존감은 운전대에서 손을 떼고 운전해서 인생길을
달리는 것과 같다.

Low self-esteem is like driving through life with your hand-
break on.

– 맥스웰 마츠(Maxwell Maltz, 미국 외과의사／저술가)

✿

자신을 사랑하는 것이 행복의 첫 번째 비결이다.

To fall in love with yourself is the first secret to happiness.

– 로버트 몰리(Robert Morley, 영국 배우)

✿

일단 당신 자신의 가치와 재능, 장점을 인정하게 되면 다른
사람들이 당신을 과소평가해도 신경 쓰지 않게 된다.

Once you embrace your value, talents and strengths, it neutralizes
when others think less of you.

– 롭 리아노(Rob Liano, 미국 비즈니스전략가/저술가)

✿

당신의 삶을 바꿔줄 사람을 찾는다면, 거울을 보세요.

If you're searching for that one person that will change your life,
take a look in the mirror.

– 미상

당신 자신을 사랑하면 많은 사람이 당신을
미워하게 될 것이다.

Love thyself, and many will hate thee.

- 미상

나는 당신이라는 사람 때문만이 아니라 당신과
함께 있을 때의 나를 위해 당신을 사랑합니다.

I love you, not only for what you are, but for what
I am when I am with you.

- 엘리자베스 바렛 브라우닝(Elizabeth Barrett Browning, 영국 시인)

✿

가을 연꽃이 그러하듯 당신 손으로 자신에 대한 사랑을
잘라버리라.

Cut out the love of self, like an autumn lotus, with thy hand.

– 석가모니(釋迦牟尼, 불교 창시자)

✿

자기 사랑은 종종 짝사랑처럼 보인다.

Self-love seems so often unrequited.

– 안소니 파웰(Anthony Powell, 영국 소설가)

✿

자신을 사랑하는 것이 평생 연애의 시작이다.

To love oneself is the beginning of a lifelong romance.

– 오스카 와일드(Oscar Wilde, 아일랜드 시인/소설가)

✿

당신이 삶을 사랑하면, 삶이 그 보답으로 당신을
사랑하게 된다.

I have found that if you love life, life will love you back.

– 아르투르 루빈스타인(Artur Rubinstein, 미국 피아니스트)

때로 하나님은 당신이 사랑하시는 것의 성취를 위해
당신이 증오하시는 것을 허락하시기도 한다.

Sometimes God allows what he hates to accomplish what he
loves.

- 조니 이억슨 타다(Joni Eareckson Tada, 미국 기독교작가)

당신은 이미 걸작인 동시에 앞으로 더욱 발전해야 하는
작품이기도 합니다.

You are allowed to be both a masterpiece and a work in
progress simultaneously.

- 미상

당신이 사랑하는 것을 하고 당신이 하는 것을 사랑하되,
그 일에 혼신을 다하라.

Do what you love, love what you do, and with all your heart
give yourself to it.

- 로이 T. 베넷(Roy T. Bennett, 미국 작가)

질투에는 사랑보다 자기애가 더 많이 포함돼 있다.

Jealousy contains more of self-love than of love.

– 프랑수아 드 라 로슈푸코(François de la Rochefoucauld, 프랑스 작가)

만약 내가 너에게 인생의 한 가지를 줄 수 있다면, 그건 내
눈을 통해 너 자신을 볼 수 있는 능력일 거야. 그러면 넌
네가 나에게 얼마나 특별한 존재인지 알게 되겠지.

If I could give you one thing in life, I would give you the ability
to see yourself through my eyes, only then would you realize
how special you are to me.

– 미상

빈 컵에선 나올 것이 없다. 먼저 당신 자신부터 챙겨라.

You can't pour from an empty cup. Take care of yourself first.

– 미상

우리에 대한 다른 사람들의 생각에 왜 신경을 써야 한단 말인가? 우리에 대한 우리의 생각보다 다른 사람들의 의견을 더 믿어야 하는가?

Why should we worry about what others think of us, do we have more confidence in their opinions than we do our own?

– 브리검 영(Brigham Young, 미국 모르몬교 지도자)

당신이 진정으로 사랑하는 것이 강하게 잡아당기는 쪽으로 끌려가라.

Let yourself be drawn by the stronger pull of that which you truly love.

– 루미(Rumi, 페르시아 시인 / 이슬람법학자)

✽

사랑한다는 것은 사랑할 수 없는 것을 사랑하는
것을 의미한다. 용서한다는 것은 용서할 수 없는
것을 용서하는 것을 의미한다. 믿음은 믿을 수 없는
것을 믿는 것을 의미한다. 희망은 모든 것에 희망이
없을 때도 희망하는 것을 의미한다.

To love means loving the unlovable. To forgive means
pardoning the unpardonable. Faith means believing
the unbelievable. Hope means hoping when everything
seems hopeless.

– 길버트 키스 체스터턴(Gilbert Keith Chesterton, 영국 작가)

✽

과하게 당신을 희생하지 말라. 지나치게 희생해서
아무것도 줄 게 없을 만큼 빈털터리가 되면 아무도
당신에게 관심을 기울이지 않는다.

Don't sacrifice yourself too much, because if you
sacrifice too much there's nothing else you can give and
nobody will care for you.

– 칼 라거펠트(Karl Lagerfeld, 독일 패션디자이너)

세상을 밝히는 에머슨 명언 500

4×6판 | 양장본 | 본문 2도 | 값 14,000원

힘들고 어려워도 다시 한 번 도전하고 싶어지는 에머슨 명언들…

–시대를 초월한 진정한 자기계발서
《자기신뢰》와 함께 읽으면 재미가 2배!

"에머슨의 글들은 우리의 고결한 본성뿐만 아니라 저급한 본성에도 호소한다.
어떻게 살아야 하는지에 관한 답을 알고 있어서가 아니다. 우리의 실제 모습을
그대로 반영하고 있기 때문에 그의 글은 많은 시간이 지난 지금도 감동을 준다."
– 〈뉴욕타임스〉

인생을 바람직한 길로 인도하는 에머슨의 글들

자기신뢰

4×6판 | 양장본 | 본문 2도 | 값 12,000원

❋

버락 오바마 미국 대통령의 애독서!

단순한 자기계발서 아닌,
삶에 대한 열정과 깊이 있는 통찰
미국의 지적 독립을 이룬 에머슨의 혜안
"진정한 변화의 원동력은 자기신뢰."

읽고 또 읽어야 할, 시대를 초월한 진정한 자기계발서!

새우와 고래가 함께 숨 쉬는 바다

내 인생을 바꾼 사랑의 명언

편역자 | 석필
펴낸이 | 황인원
펴낸곳 | 도서출판 창해

신고번호 | 제2019-000317호

초판 인쇄 | 2021년 12월 22일
초판 발행 | 2021년 12월 29일

우편번호 | 04037
주소 | 서울특별시 마포구 양화로 59, 601호(서교동)
전화 | (02)322-3333(代)
팩시밀리 | (02)333-5678
E-mail | dachawon@daum.net

ISBN 979-11-91215-33-5 (03320)

값 · 15,000원

Publishing Club Dachawon(多次元)
창해·다차원북스·나마스테